LÉONARD

LÉONARD

42

LE GÉNIE DES GRANDEURS

turk & de groot

COULEURS: KAËL

LE LOMBARD

BRUXELLES

Première édition

D/2012/0086/66
ISBN 978-2-8036-2960-2

Dépôt légal : février 2012
Imprimé en Belgique par Proost

LES ÉDITIONS DU LOMBARD
7, AVENUE PAUL-HENRI SPAAK
1060 BRUXELLES - BELGIQUE

WWW.LELOMBARD.COM

Le génie des grandeurs

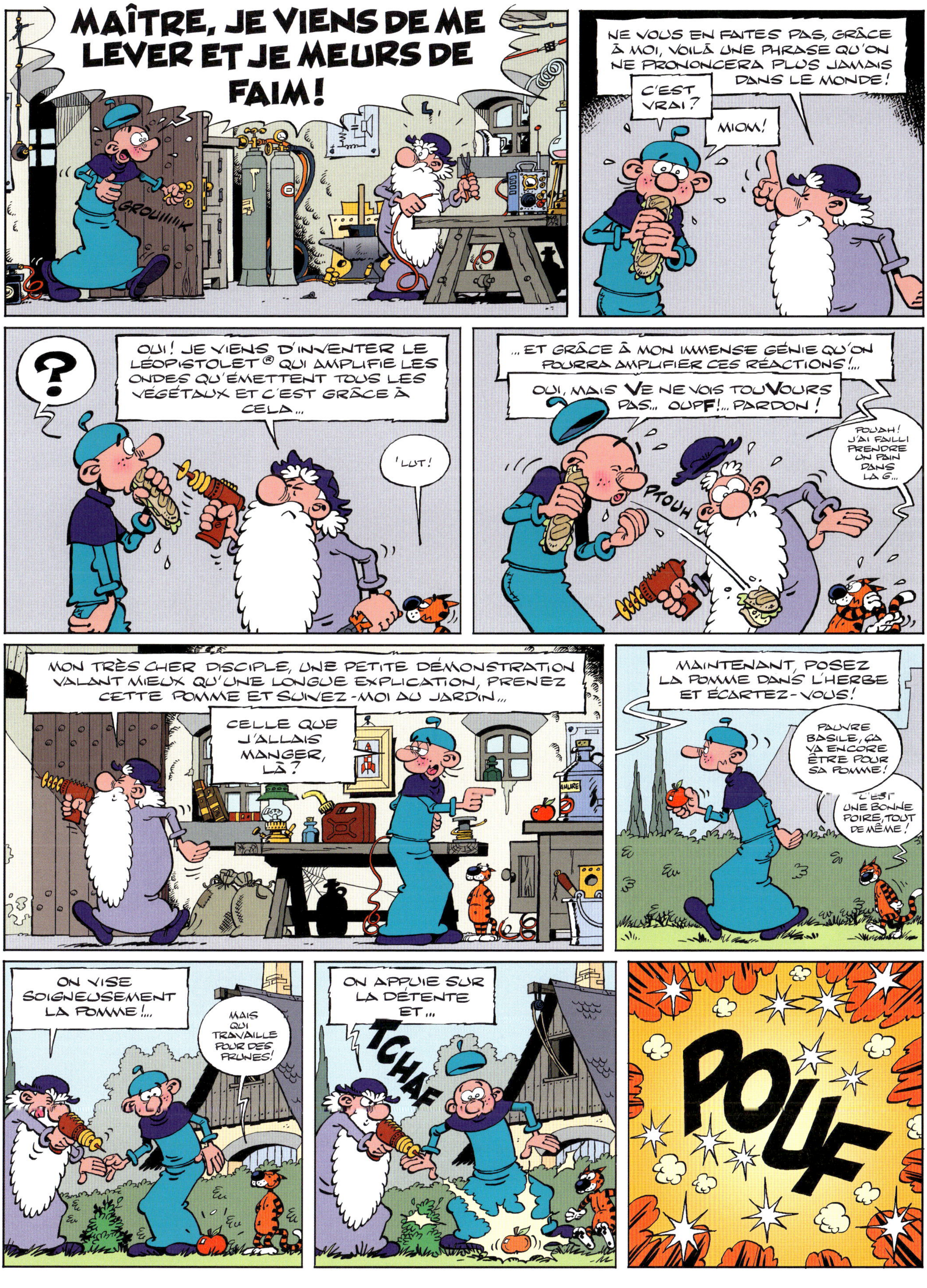

MON DIEU!!!
ALLONS, ALLONS! PAS DE ÇA ENTRE NOUS! APPELEZ-MOI MAÎTRE, TOUT SIMPLEMENT!
PFUH
EUH!... JUSTE UNE PETITE QUESTION, SI JE PUIS ME PERMETTRE.
C'EST BEAU, UNE CURIOSITÉ SCIENTIFIQUE À L'ÉVEIL!...
ALLEZ-Y, MON BON DISCIPLE, POSEZ, POSEZ!
ÇA MARCHE AUSSI AVEC DES SPAGHETTIS À L'AIL, VOTRE MACHIN, LÀ?
BLAM
ON PEUT PLUS F'INTÉ-REFFER À RIEN, ALORS?
CRUNCH
?
?

QUEL MONSTRE !!!
MIAM
FAUT FAIRE QUELQUE CHOSE, MAÎTRE ! VITE !!! VOUS N'AVEZ PAS UNE PETITE IDÉE ?
SI !
JE PENSE QUE JE DOIS AVOIR LA MÊME QUE VOUS !
FUYONS !!!
SLAM
QUE... QU'EST-CE QU'ON FAIT, MAINTENANT ?
EUH !... JE... J'EN SAIS RIEN, MOI !
EH BEN, MOI, J'EN AI UNE, D'IDÉE !
VOUS ???
ÉCOUTEZ !... SI ON FAISAIT COMME ÇA... BZZ... BZZ... BZZ ! HEIN ?
BLAM
QUOI ??? ELLE EST PAS BONNE, MON IDÉE ?
SI ! MAIS C'EST MOI QUI AURAIS DÛ L'AVOIR !

VITE ! IL FAUT EN TROUVER UN !
LÀ !
EUH... TENEZ, DISCIPLE ! VOUS POUVEZ L'ESSAYER !
CUI !
MERCI, MAÎTRE ! RÉCAPITULONS : 1° : JE DÉGAINE, PUIS...
PUIS J'ABRÈGE PARCE QU'ON N'A PAS QUE ÇA À FAIRE !
CUIiii !
TCHAF
POUF
CUI !
GLIP !
AAARGH !
MIAM !
ARRÊTEZ ! CECI EST UNE ARRESTATION ARBITRAIRE !

ET MAINTENANT, QU'EST-CE QU'ON FAIT ?
BEN, COMME D'HAB !
FUYONS !!!
CUI
ALORS, QU'EST-CE QUE LE PLUS GRAND GÉNIE DE TOUS LES TEMPS A DÉCIDÉ DE FAIRE ?
Y SAIT PAS !
JE NE VOIS QU'UNE SOLUTION... PASSEZ-MOI LE LÉOPISTOLET !
VOUS ALLEZ VOIR...
EEEEH ! ÇA CHATOUILLE !!!
VOUS ÊTES FOU !!! TIRER SUR RAOUL ???
?
BLAM
CRAC
REGARDEZ CE QUE VOUS AVEZ FAIT, ABRUTI !
?

?
CUI ?
HÉ ! MAIS JE VOIS OÙ VOUS VOULEZ EN VENIR !...
RAOUL, CHASSE-MOI CET OISEAU QUI NOUS EMBÊTE !
DIS DONC, GROSSIER MERLE... TU N'AS QUE TROIS SECONDES POUR FILER AVANT CETTE BAGARRE DONT JE SORTI-RAI VAINQUEUR !
PSCHIOUUU
TCHOUF
L'EFFET S'EST DISSIPÉ !... PAS AU POINT, VOTRE TRUC, LÀ !
UN PETIT RÉGLAGE SANS DOUTE ! JE SUIS UN GÉNIE, TOUT DE MÊME !
OUAIS, LE GÉNIE GRÂCE AUQUEL NOUS AVIONS HÉRITÉ D'UNE POMME DE 500 KILOS, D'UN VER DE 2 M 50 ET D'UN MERLE DE 800 KILOS, SANS OUBLIER UN RAOUL DE TROIS TONNES !...
CUI !

ALORS LÀ, JE DIS BRAVO ! CHAPEAU, LE GÉNIE !
BLAM
NON MAIS ÇA VA PAS ?!... VOUS M'AVEZ CHERCHÉ, TRÈS BIEN ! VOUS ALLEZ ME TROUVER !!!
TCHAF
POUF
HIHI ! J'AI TRANSFORMÉ LE PETIT GÉNIE EN GRAND DADAIS !
ET ÇA VOUS FAIT RIRE, ÇA, DISCIPLE ?!... EH BEN, MOI PAS !

NA!
SPLAT
ALORS, MOINS FIER, HEIN?
C'EST LE PLAT DU JOUR!
BOBO!
ET VOUS, VOUS ÊTES FIER DE VOUS, PEUT-ÊTRE?
BEN... EUH... JE... À VRAI DIRE...
COMME VOUS DITES, IL N'Y A VRAIMENT PAS LIEU D'ÊTRE FIER!
PSCHIOU
POUF
LE... L'EFFET S'EST DISSIPÉ!?!
BIEN FAIT! ET MAINTENANT, ON FAIT QUOI?
BEN, JE VAIS CHERCHER UN AUTRE SYSTÈME POUR LUTTER CONTRE LA FAIM DANS LE MONDE!
SNIF!
EN ROUTE VERS DE NOUVELLES INVENTIONS!
FIN

Comme on connaît ses saints...

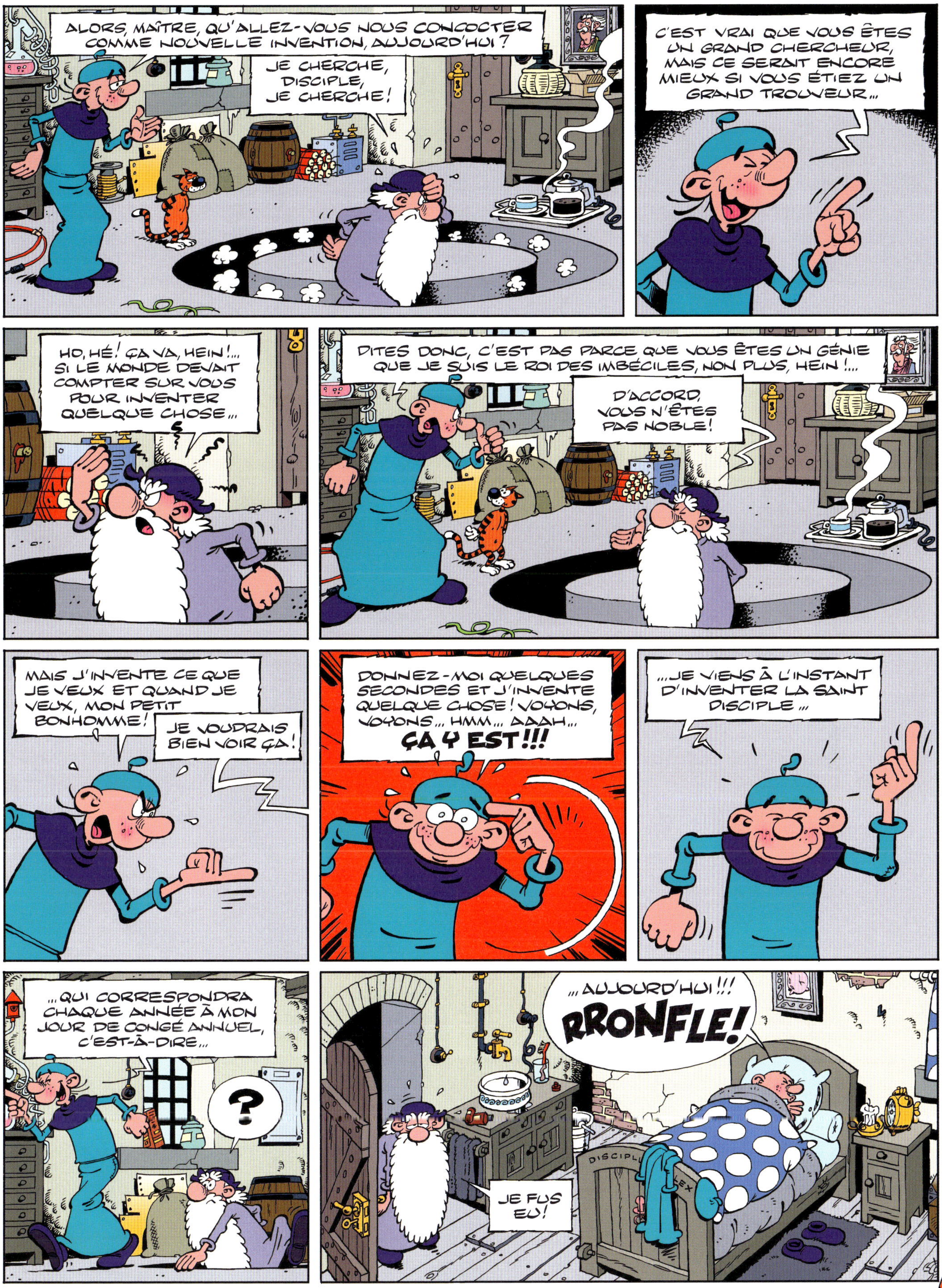

DEBOUT, DISCIPLE !
TEUF TEUF TEUF
DISCIPLUS SIMPLEX
ON VIENT TOUT JUSTE DE ME FAIRE PARVENIR CE QUE J'ATTENDAIS AVEC IMPATIENCE POUR EN FAIRE L'ÉTUDE...
...UN ANIMAL QUI DEVRAIT PROBABLEMENT NOUS EN APPRENDRE BEAUCOUP SUR L'ÉVOLUTION DES ESPÈCES...
Z
...ET JE ME SUIS DIT QUE QUAND ON VEUT FAIRE DES EXPÉRIENCES...
RONFL !
... FAUT PAS AVOIR PEUR DE SE MOUILLER !
PLOUF
DISCIPLUS SIMPLEX
QU'EN PENSEZ-VOUS, DISCIPLE ?
Z...BLUBLUB
COMMENT ÇA "BLUB BLUB" ???
ALLONS, AVANÇONS ! ASSEZ FAINÉANTÉ DANS CETTE BAIGNOIRE ! ON SE SÈCHE ET AU BOULOT !
WOOOoosh

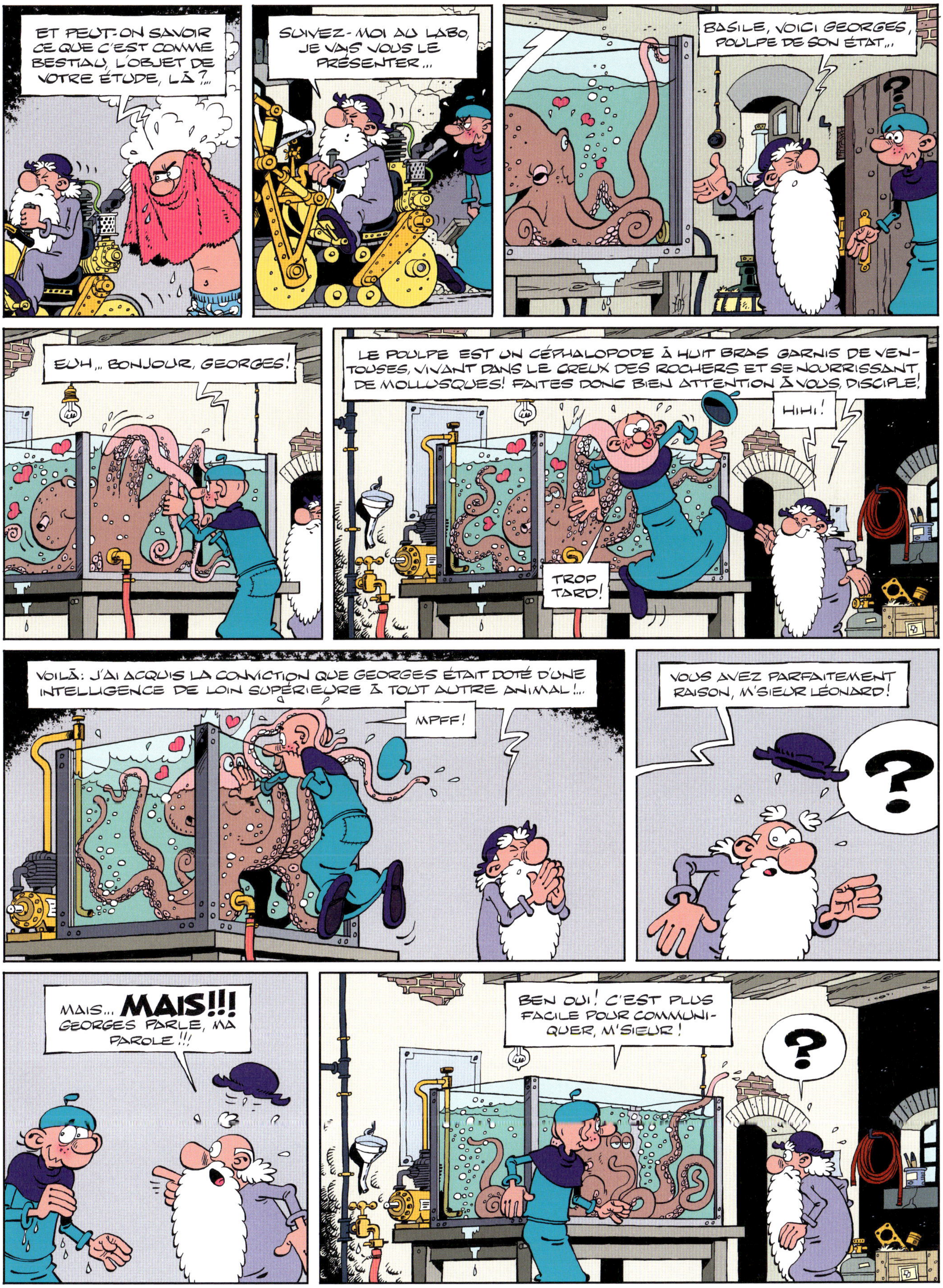
ET PEUT-ON SAVOIR CE QUE C'EST COMME BESTIAU, L'OBJET DE VOTRE ÉTUDE, LÀ ?...
SUIVEZ-MOI AU LABO, JE VAIS VOUS LE PRÉSENTER...
BASILE, VOICI GEORGES, POULPE DE SON ÉTAT...
?
EUH... BONJOUR, GEORGES!
LE POULPE EST UN CÉPHALOPODE À HUIT BRAS GARNIS DE VENTOUSES, VIVANT DANS LE CREUX DES ROCHERS ET SE NOURRISSANT DE MOLLUSQUES! FAITES DONC BIEN ATTENTION À VOUS, DISCIPLE!
HIHI!
TROP TARD!
VOILÀ: J'AI ACQUIS LA CONVICTION QUE GEORGES ÉTAIT DOTÉ D'UNE INTELLIGENCE DE LOIN SUPÉRIEURE À TOUT AUTRE ANIMAL!...
MPFF!
VOUS AVEZ PARFAITEMENT RAISON, M'SIEUR LÉONARD!
?
MAIS... **MAIS!!!** GEORGES PARLE, MA PAROLE!!!
BEN OUI! C'EST PLUS FACILE POUR COMMUNIQUER, M'SIEUR!
?

MAIS C'EST TOUT BONNEMENT FANTASTICO-GIGA-SUPER-HYPER-GÉNIAL !
J'AJOUTERAI MÊME QUE C'EST PAS MAL !...
N'EXAGÉRONS RIEN ! MOI AUSSI, JE PARLE !...
CERTES, MAIS LA DIFFÉRENCE FONDAMENTALE ENTRE GEORGES ET VOUS...
...C'EST QUE VOUS N'ÊTES PAS UN POULPE INTELLIGENT MAIS UN ÂNE COMPLÈTEMENT IDIOT !
QUANT À TOI, GEORGES, DIS-MOI TOUT DE TOI ! JE VEUX TOUT SAVOIR POUR MON ÉTUDE, GEORGES !
MMH ! BIEN !... JE SUIS, COMME VOUS L'AVEZ DIT, UN CÉPHALOPODE DOTÉ DE HUIT BRAS MUNIS DE VENTOUSES...
... VIVANT DANS LE CREUX DES ROCHERS PRÈS DES CÔTES ET ME NOURRISSANT DE MOLLUSQUES...
EUH ...
... À PART ÇA, JE VAIS BIEN, JE SUIS JEUNE, J'AI QUARANTE ANS, JE SUIS EN BONNE SANTÉ... JE N'AI PAS DÛ FAIRE MON SERVICE MILITAIRE, JE PÈSE 52 KILOS ET MES BRAS DÉPLOYÉS MESURENT PLUS OU MOINS CINQ MÈTRES CINQUANTE D'ENVERGURE, JE ME NOURRIS BIO ET DE PLUS...
NOTE
NOTE
NOTE

ET VOILÀ, M'SIEUR LÉONARD !... VOUS SAVEZ TOUT DE MOI !... AURIEZ-VOUS À PRÉSENT L'AMABILITÉ DE BIEN VOULOIR ME RAPATRIER CHEZ MOI ?
PARCE QUE J'AI UNE FEMME QUI M'ATTEND POUR ME SERRER DANS SES HUIT BRAS AVEC L'IMPATIENCE QUE VOUS DEVINEZ !
O.K., GEORGES !
BIEN VOLONTIERS, GEORGES, MAIS... EUH !... AVANT TON VOYAGE DE RETOUR... SI J'OSAIS... EUH... BEN... JE...
J'AURAIS UN TOUT PETIT SERVICE À TE DEMANDER...
CERTES, M'SIEUR LÉONARD !... QUE PUIS-JE FAIRE POUR VOUS ?
SERAIS-TU CAPABLE DE ME DONNER LE NUMÉRO GAGNANT DU LOTO QUE J'AI INVENTÉ LA SEMAINE DERNIÈRE ?
EUH !... HEM !... PAS DE PROBLÈME... LE 1... LE 13... LE 14... LE 26... LE 30... ET LE 31 !
MERCI, GEORGES !... JE VAIS JOUER TOUTES MES ÉCONOMIES !
LE 1, LE 13, LE 14, LE 26, LE 30 ET LE 31 !
LOTO
REGLEMENT

BEN NON ! DÉSOLÉ, VOUS N'AVEZ RIEN GAGNÉ !
KWÂ !
GRMBL !
BRAVO, GEORGES ! JE N'AI PLUS UN SOU, À PRÉSENT !
?
ET TU POURRAIS RÉPONDRE QUAND JE TE PARLE !
MAIS !!? BIZARRE, SA RÉACTION ! ON DIRAIT QU'IL NE COMPREND PLUS RIEN DU TOUT !!!
TOC TOC
ALORS, M'SIEUR LÉONARD, ET CE NUMÉRO GAGNANT ?
?
DISCIPLE ?!? HUM, HUM ! DITES DONC ?
OUPS !
TIENS, TIENS, TIENS, TIENS !
DAMENAIDE ! I AM REPÉRAIDE !
BLAM
ÇA VOUS APPRENDRA À M'AVOIR CACHÉ PENDANT TOUTES CES ANNÉES QUE VOUS ÉTIEZ VENTRILOQUE !!!
A BOBO !
FIN

Y a un lézard !

?
BONJOUR, MAÎTRE !... EUH... J'AURAIS UNE FAVEUR À VOUS DEMANDER...
J'AI HORREUR DU MOT FAVEUR SAUF QUAND CETTE DERNIÈRE M'EST FAITE !
MAIS... ALLEZ-Y, DISCIPLE !... JE BRÛLE D'ENVIE DE SAVOIR À QUOI RÉPONDRE "NON !"
VOILÀ : BZZZ BZZZ BZZZ...
QWÂ ?
MEMORANDUM ?
EUH... NON !... PAS DU TOUT !
Mariage ?
BEN !?!
NON PLUS !
Baptême ?
NON, NON ! RIEN DE TOUT CELA ! C'EST JUSTE POUR ME REPOSER !
AH NON ! SI C'EST UN JOUR DE CONGÉ POUR VOUS REPOSER, C'EST HORS DE QUESTION !
SNIF !

People à genoux...

JE L'AI TROUVÉE, MON IDÉE DU SIÈCLE!
BEN TIENS!
J'INVENTE LE JOURNAL PEOPLE!
ET C'EST QUOI, ÇA, UN JOURNAL PIPEUL?
JE FINIRAI PAR CROIRE QUE CE VIEUX BARBU A DU GÉNIE!
UN JOURNAL QUI PARLERA DES GENS DE CHEZ NOUS QUI DEVIENDRONT TRÈS VITE CÉLÈBRES GRÂCE AUX ÂNERIES QUE NOUS PUBLIERONS SUR EUX, AINSI QUE SUR DES STARS QUI FERONT LA UNE DÈS QUE JE LES AURAI INVENTÉES!... MAINTENANT, JE VOUS LAISSE, J'AI DES ARTICLES À RÉDIGER ET DES PHOTOS À PRENDRE!...
6 MINUTES ET 32 SECONDES PLUS TARD...
ET VOILÀ!... J'AI TOUT FINI!... IMPRIMEZ-MOI TOUT ÇA!
HYPERKINÉSIE CARACTÉRISÉE!
EUH... VOUS ÊTES SÛR DE LA UNE?...
OUI!... À PRÉSENT, VITE AU GARAGE OÙ J'AI REMISÉ MA VIEILLE INVENTION DE L'IMPRIMERIE!...
... ET AMENEZ-MOI DU PAPIER, DISCIPLE!... ET VITE! SINON!...
LÉONARD GÉNIE
NON! NON! PAS DE SINON!...

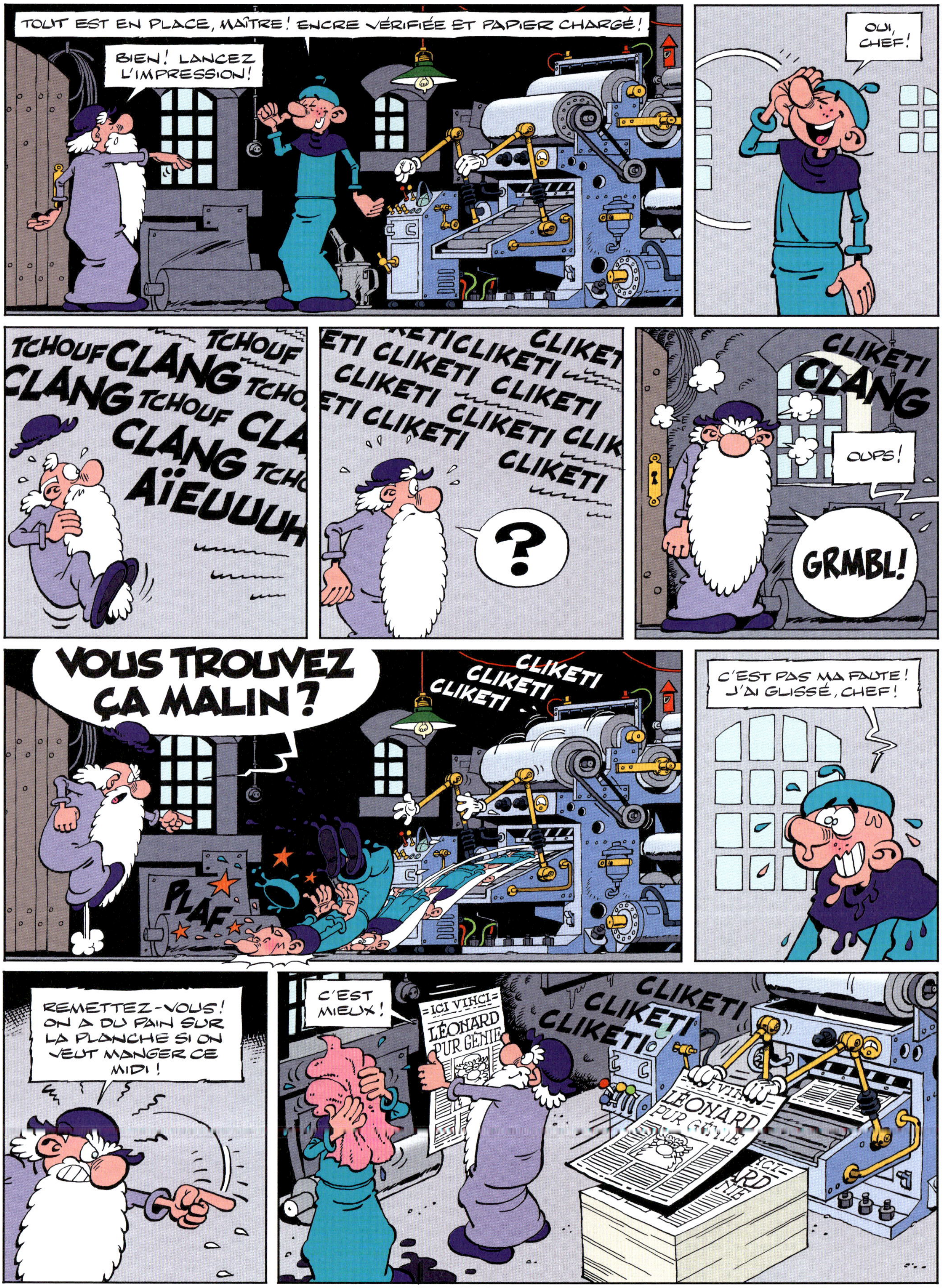
TOUT EST EN PLACE, MAÎTRE ! ENCRE VÉRIFIÉE ET PAPIER CHARGÉ !
BIEN ! LANCEZ L'IMPRESSION !
OUI, CHEF !
TCHOUF CLANG TCHOUF CLANG TCHOUF CLANG TCHOUF CLANG TCHOUF AÏEUUUH
CLIKETI CLIKETI CLIKETI CLIKETI CLIKETI CLIKETI CLIKETI CLIKETI CLIKETI CLIKETI
?
CLIKETI CLANG
OUPS !
GRMBL !
VOUS TROUVEZ ÇA MALIN ?
CLIKETI CLIKETI CLIKETI
PLAF
C'EST PAS MA FAUTE ! J'AI GLISSÉ, CHEF !
REMETTEZ-VOUS ! ON A DU PAIN SUR LA PLANCHE SI ON VEUT MANGER CE MIDI !
C'EST MIEUX !
ICI VINCI
LÉONARD PUR GÉNIE
CLIKETI CLIKETI CLIKETI

N'EMPÊCHE !... SI VOUS VOULEZ MON AVIS, ÇA VA PAS PLAIRE DES MASSES ! AH NON, ÇA VA PAS PLAIRE ! FAUDRAIT QUE VOUS M'EXPLIQUIEZ !...
BLAM
VOUS EXPLIQUEZ FUPER BIEN ! ET FI VOUS VOULEZ MON AVIS, FA VA PLAIRE DES MAFFES !... AH OUI, FA VA PLAIRE !...
SNIF !
BREF...
DEMANDEZ "ICI VINCI", TOUS LES PETITS POTINS SUR LES GENS DE NOTRE VILLE !...
ICI VINCI LÉONARD PUR GÉNIE
VOUS SAUREZ TOUT SUR TOUT LE MONDE !...
SUR LÉONARD !... SUR MATHURINE !... SUR RAOUL !... SUR BERNADETTE !... SUR YORICK LE CRÂNE !... SUR BA... SUR BASILE !???
SUR... SUR MOI ?!?
MAMAN, TON FILS VA DEVENIR CÉLÈBRE !!!
QUELQUES TITRES, À PRÉSENT : "LÉONARD, PUR GÉNIE"... "MATHURINE A GROSSI DE SIX KILOS"... "RAOUL SERAIT EN RÉALITÉ UNE CHATTE"... "BERNADETTE AMOUREUSE D'UN REBLOCHON"... "LE CRÂNE SUR ORBITE"... "BASILE PASSE 23 H SUR 24 À DORMIR"...
GRRR !
J'ACHÈTE !
J'ACHÈTE !
MOI D'ABORD !
J'EN PRENDS 2 !
NON, MOI !
MOI 4 !
6 !!!

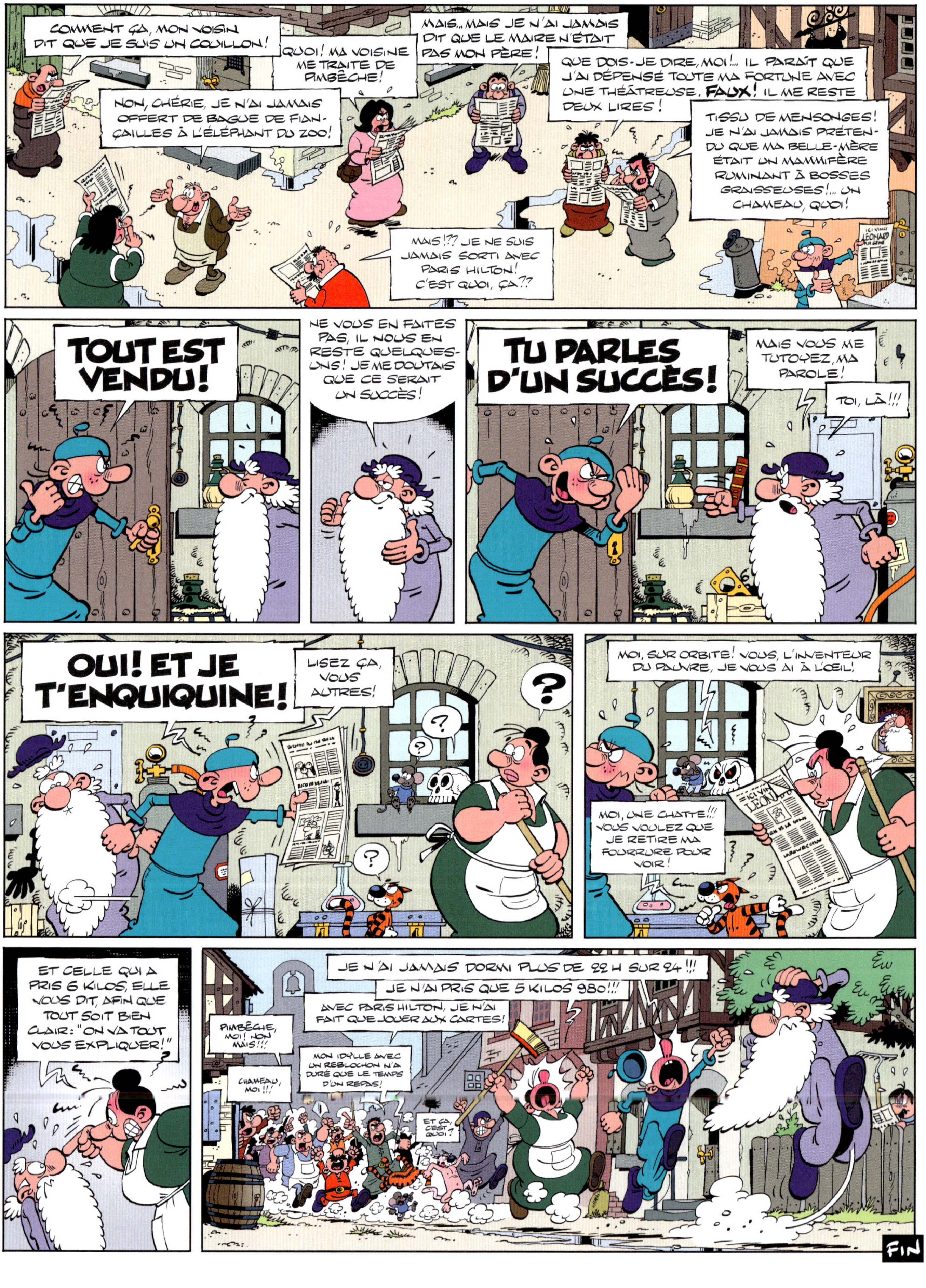

COMMENT ÇA, MON VOISIN DIT QUE JE SUIS UN COUILLON!
NON, CHÉRIE, JE N'AI JAMAIS OFFERT DE BAGUE DE FIANÇAILLES À L'ÉLÉPHANT DU ZOO!
QUOI! MA VOISINE ME TRAITE DE PIMBÊCHE!
MAIS... MAIS JE N'AI JAMAIS DIT QUE LE MAIRE N'ÉTAIT PAS MON PÈRE!
QUE DOIS-JE DIRE, MOI!... IL PARAÎT QUE J'AI DÉPENSÉ TOUTE MA FORTUNE AVEC UNE THÉÂTREUSE. FAUX! IL ME RESTE DEUX LIRES!
TISSU DE MENSONGES! JE N'AI JAMAIS PRÉTENDU QUE MA BELLE-MÈRE ÉTAIT UN MAMMIFÈRE RUMINANT À BOSSES GRAISSEUSES!... UN CHAMEAU, QUOI!
MAIS!?? JE NE SUIS JAMAIS SORTI AVEC PARIS HILTON! C'EST QUOI, ÇA!?
TOUT EST VENDU!
NE VOUS EN FAITES PAS, IL NOUS EN RESTE QUELQUES-UNS! JE ME DOUTAIS QUE CE SERAIT UN SUCCÈS!
TU PARLES D'UN SUCCÈS!
MAIS VOUS ME TUTOYEZ, MA PAROLE!
TOI, LÀ!!!
OUI! ET JE T'ENQUIQUINE!
LISEZ ÇA, VOUS AUTRES!
?
MOI, SUR ORBITE! VOUS, L'INVENTEUR DU PAUVRE, JE VOUS AI À L'ŒIL!
MOI, UNE CHATTE!!! VOUS VOULEZ QUE JE RETIRE MA FOURRURE POUR VOIR!
ET CELLE QUI A PRIS 6 KILOS, ELLE VOUS DIT, AFIN QUE TOUT SOIT BIEN CLAIR: "ON VA TOUT VOUS EXPLIQUER!"
JE N'AI JAMAIS DORMI PLUS DE 22 H SUR 24!!!
JE N'AI PRIS QUE 5 KILOS 980!!!
AVEC PARIS HILTON, JE N'AI FAIT QUE JOUER AUX CARTES!
PIMBÊCHE, MOI! NON MAIS!!!
MON IDYLLE AVEC UN REBLOCHON N'A DURÉ QUE LE TEMPS D'UN REPAS!
CHAMEAU, MOI!!!
ET ÇA, C'EST QUOI?
FIN

Un point c'est tout !

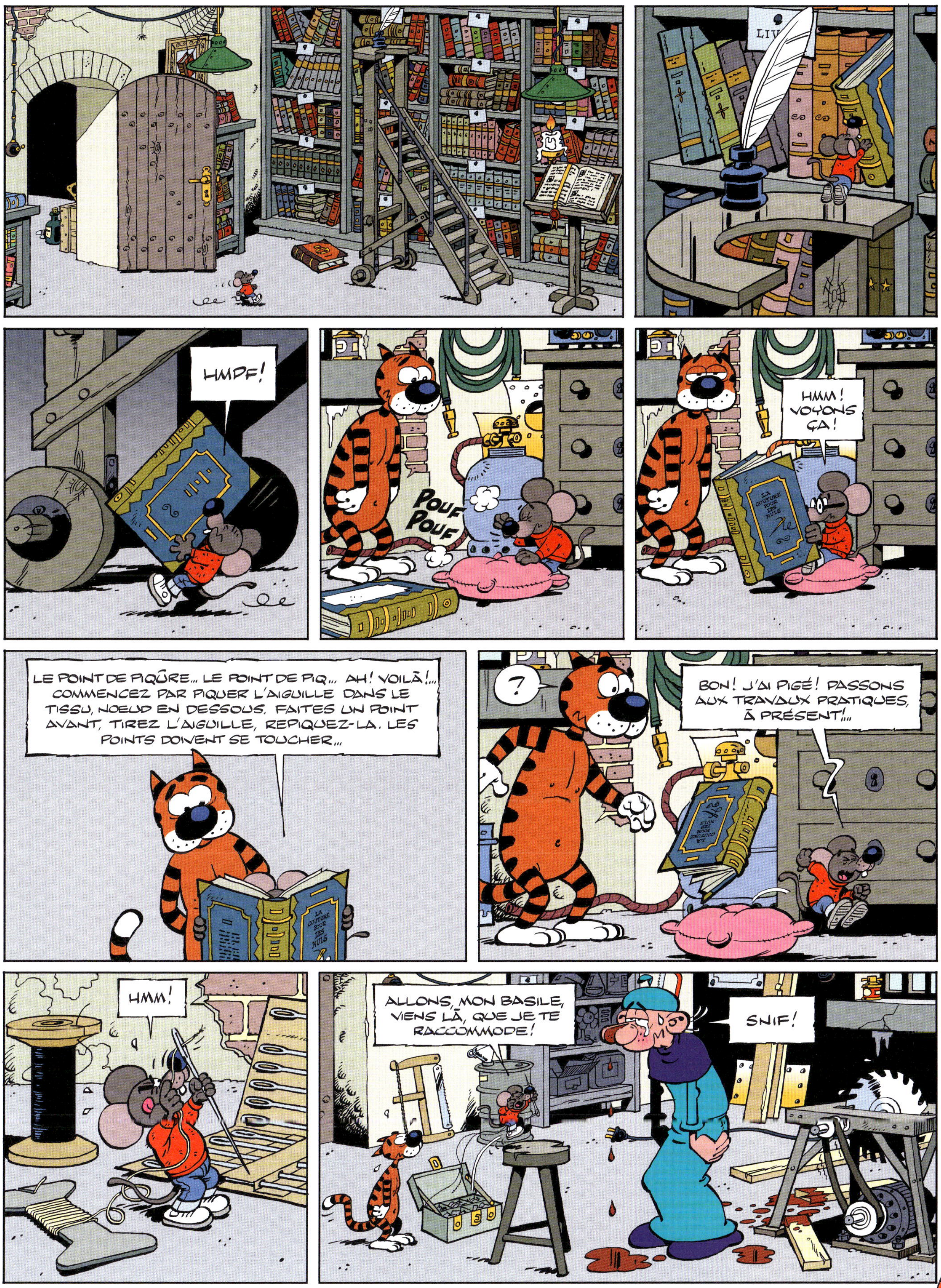

Merci d'être menu !

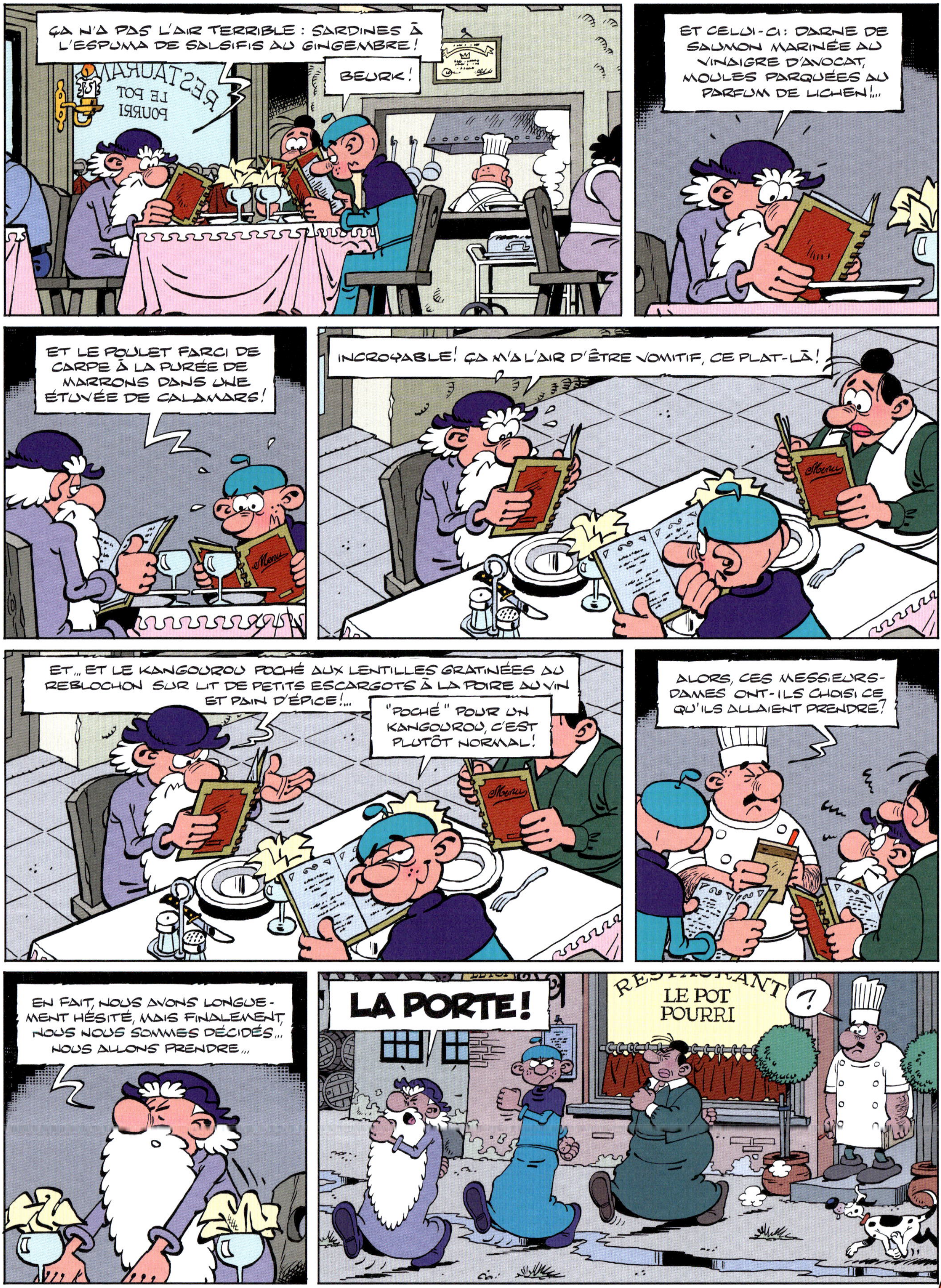

Issue des gouttes !

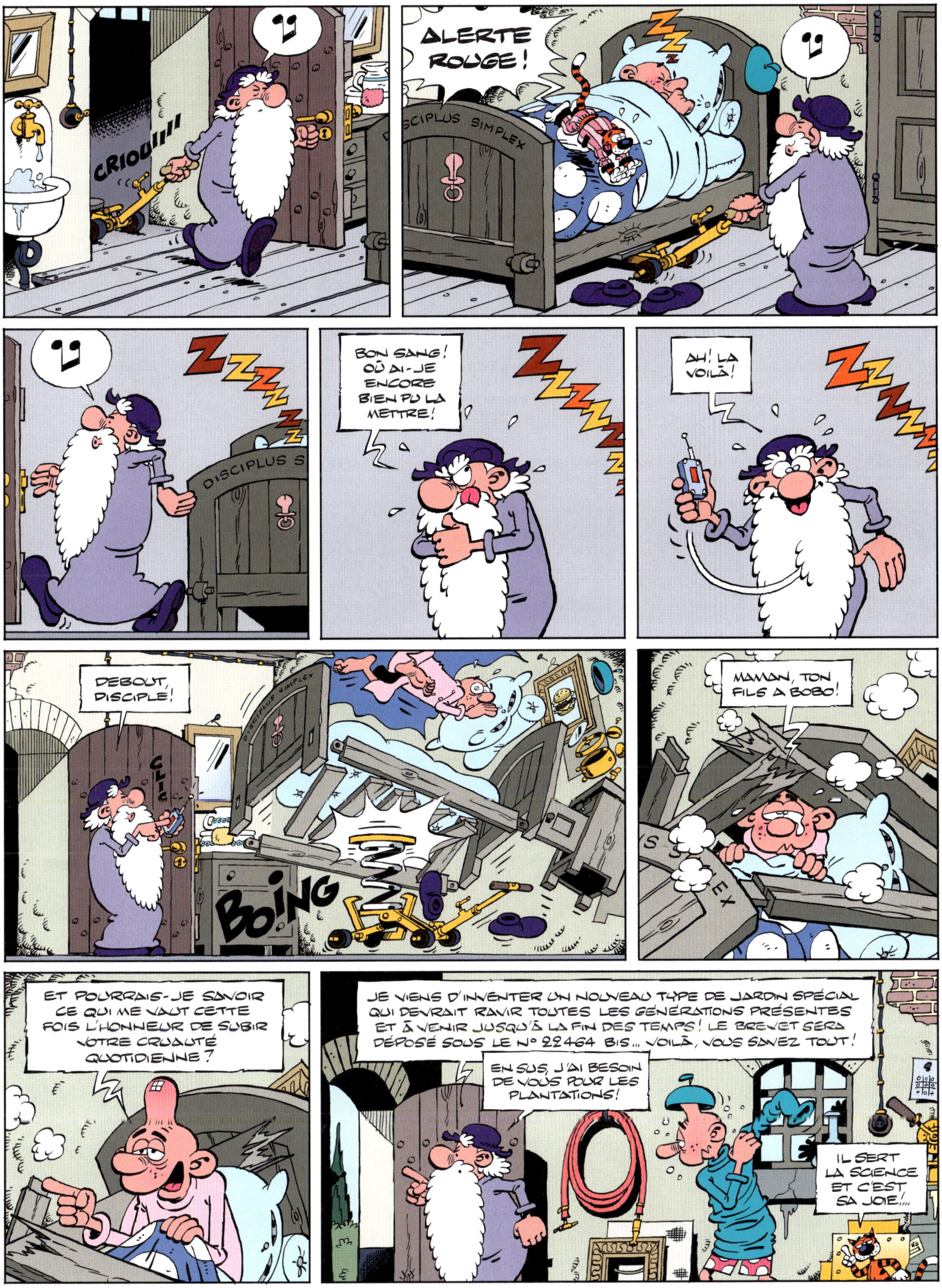

BREF...
ALORS, DISCIPLE, ÇA VA COMME JE VEUX?
ÇA AVANCE, ÇA AVANCE!
MAIS IL FAUDRA DES ANNÉES POUR QUE ÇA POUSSE, VOTRE BUIS, LÀ!
ET MOI, J'EN AI BIEN POUR UN MOIS À TOUT PLANTER!
ERREUR! JE VIENS D'INVENTER UN ENGRAIS TELLEMENT PUISSANT QUE J'AI ÉTÉ OBLIGÉ DE LE BAPTISER " L'INSTANTANÉ "... C'EST TOUT DIRE!
ENCORE UNE IDÉE DE GÉNIE QUI A GERMÉ DANS LA TERRE FERTILE DES SILLONS TRACÉS DANS VOTRE CORTEX HYPERTROPHIÉ!
ON PEUT LE DIRE COMME ÇA! VOUS VERSEREZ UNE GOUTTE PAR PLANT ET HOP!... ILS DEVIENDRONT GRANDS COMME S'ILS AVAIENT DIX ANS...
VOUS AVEZ BIEN TOUT SUIVI, DISCIPLE?
OUI! ET JE SUIS ENCHANTÉ!
ENCHANTÉ? J'EN SUIS FORT AISE... EH BIEN...
...PLANTEZ MAINTENANT!!!
LÀÀÀ! C'EST MIEUX!
TCHAC
TCHAC
TCHAC
TCHAC
TCHAC
TCHAC
TCHAC
TCHAC
TCHAC

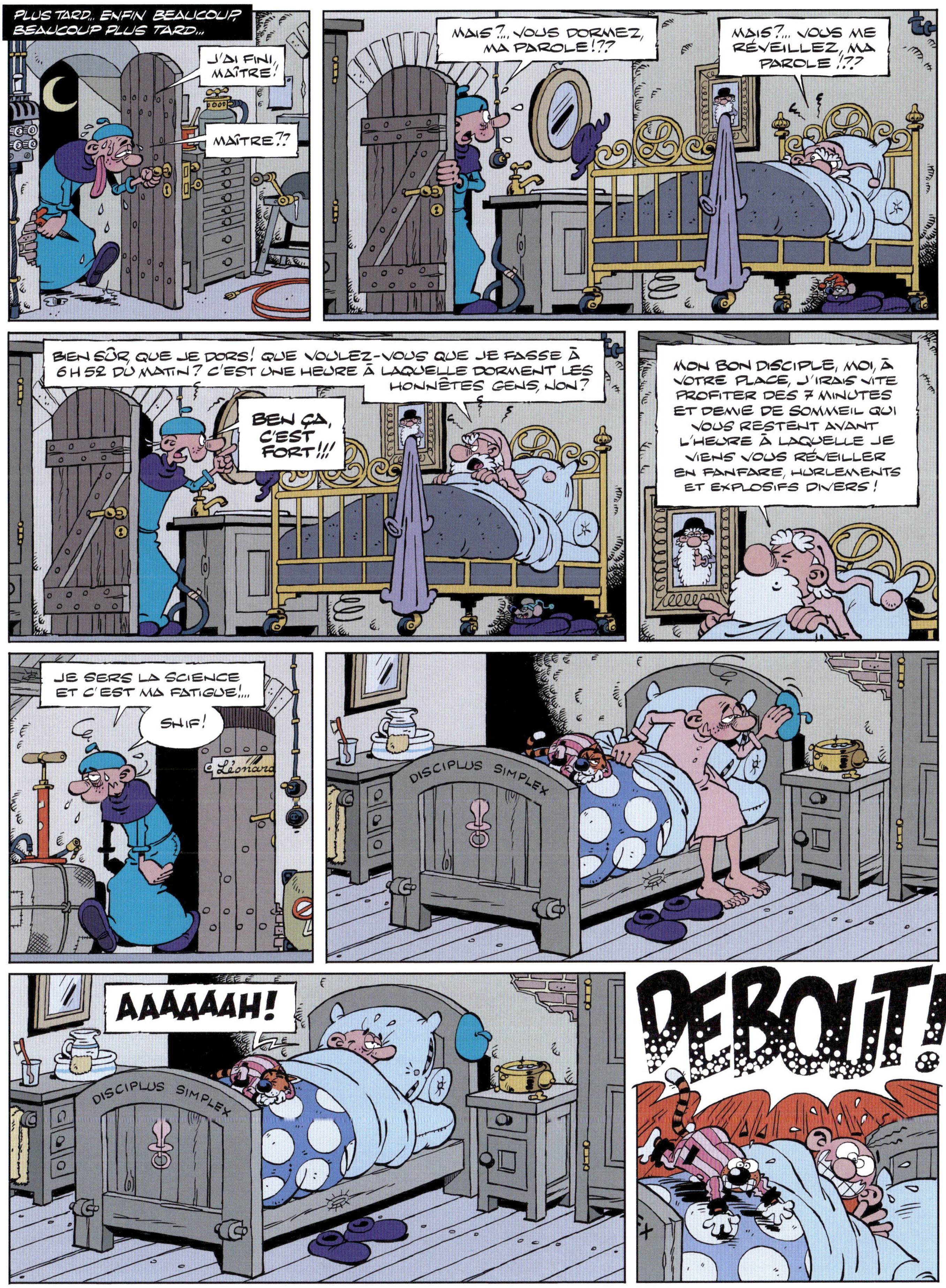
PLUS TARD... ENFIN BEAUCOUP, BEAUCOUP PLUS TARD...
J'AI FINI, MAÎTRE!
MAÎTRE?!?
MAIS?... VOUS DORMEZ, MA PAROLE!?!
MAIS?... VOUS ME RÉVEILLEZ, MA PAROLE!?!
BIEN SÛR, QUE JE DORS! QUE VOULEZ-VOUS QUE JE FASSE À 6 H 52 DU MATIN? C'EST UNE HEURE À LAQUELLE DORMENT LES HONNÊTES GENS, NON?
BEN ÇA, C'EST FORT!!!
MON BON DISCIPLE, MOI, À VOTRE PLACE, J'IRAIS VITE PROFITER DES 7 MINUTES ET DEMIE DE SOMMEIL QUI VOUS RESTENT AVANT L'HEURE À LAQUELLE JE VIENS VOUS RÉVEILLER EN FANFARE, HURLEMENTS ET EXPLOSIFS DIVERS!
JE SERS LA SCIENCE ET C'EST MA FATIGUE!...
SNIF!
Léonard
DISCIPLUS SIMPLEX
AAAAAAH!
DISCIPLUS SIMPLEX
DEBOUT!

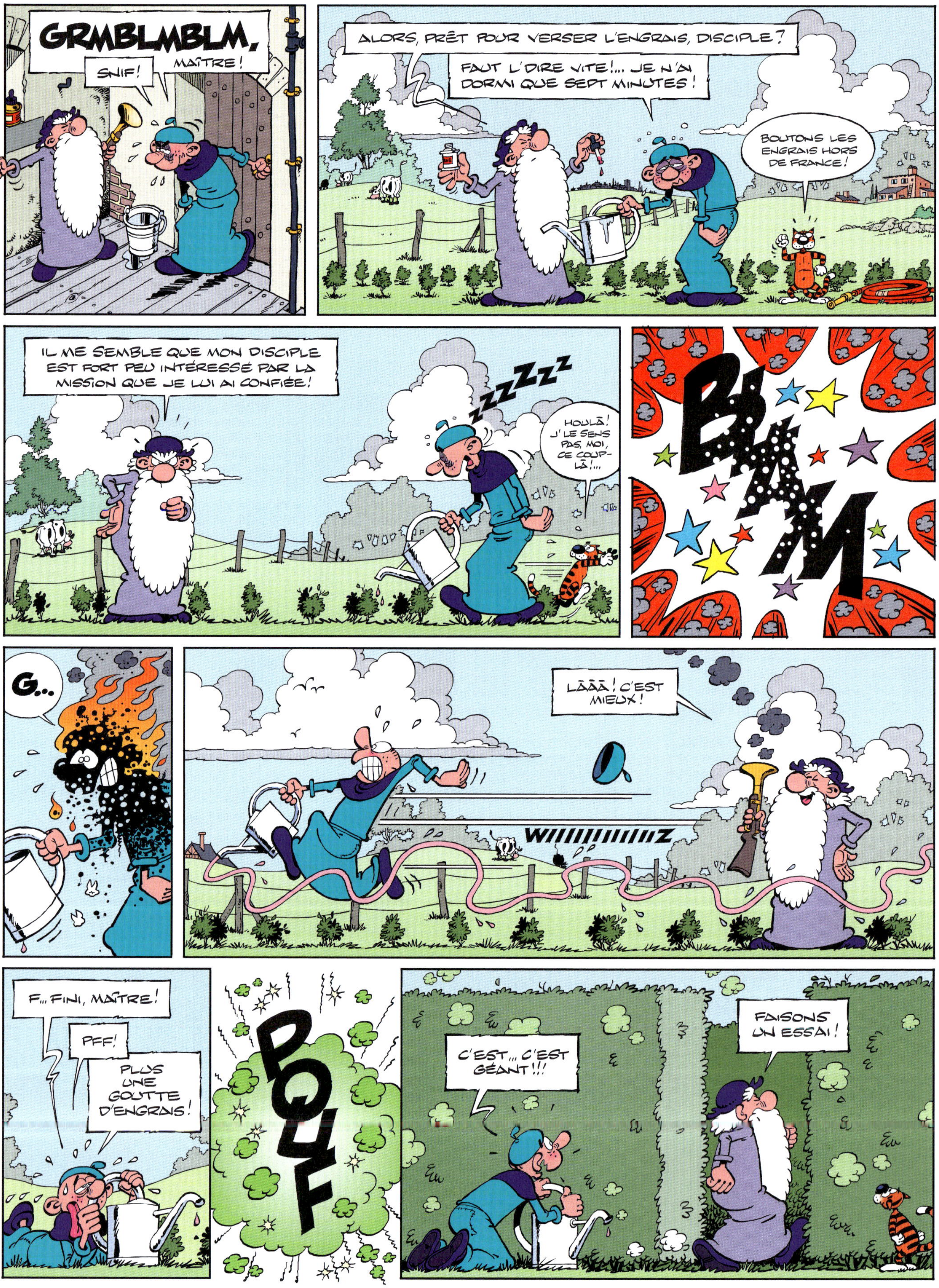
GRMBLMBLM,
SNIF!
MAÎTRE!
ALORS, PRÊT POUR VERSER L'ENGRAIS, DISCIPLE?
FAUT L'DIRE VITE!... JE N'AI DORMI QUE SEPT MINUTES!
BOUTONS LES ENGRAIS HORS DE FRANCE!
IL ME SEMBLE QUE MON DISCIPLE EST FORT PEU INTÉRESSÉ PAR LA MISSION QUE JE LUI AI CONFIÉE!
ZZZZZZZ
HOULÀ! J'LE SENS PAS, MOI, CE COUP-LÀ!...
BLAM
G...
LÀÂÂ! C'EST MIEUX!
WIIIIIIIIIIIZ
F... FINI, MAÎTRE!
PFF!
PLUS UNE GOUTTE D'ENGRAIS!
POUF
FAISONS UN ESSAI!
C'EST... C'EST GÉANT!!!

C'EST VRAIMENT L'ENGRAIS LE PLUS PUISSANT QUE VOUS AYEZ JAMAIS INVENTÉ !
DE PLUS, J'AI MIS UN PEU DE LIMAILLE DE TAILLE-HAIE MÉLANGÉE À UN PRODUIT ÉGALISATEUR, CE QUI FAIT QU'ON NE DEVRAIT PLUS TAILLER LE DESSUS NI ÉGALISER LES CÔTÉS !
FANTASTIQUE !
TIENS, IL ME SEMBLE QU'ON EST DÉJÀ PASSÉS PAR ICI !
?
VOUS CROYEZ ?
BEN, ON VA LE SAVOIR TRÈS VITE !... VOUS AVEZ LE PLAN ?
QUEL PLAN ? J'AI JAMAIS FAIT DE PLAN !
QUOI ?
DITES-MOI AU MOINS QUE VOUS AVEZ JETÉ DES PETITS CAILLOUX POUR...
EUH !... BEN, À VRAI DIRE, JE... JE N'Y AI PAS PENSÉ NON PLUS !...
BON ! DANS CE CAS, VOUS ME PERMETTREZ DONC DE VOUS POSER UNE PETITE QUESTION ?...

...QU'EST-CE QU'ON FAIT, MAINTENANT, MONSIEUR LE GÉNIE?
FIN

Pas nette, la planète !

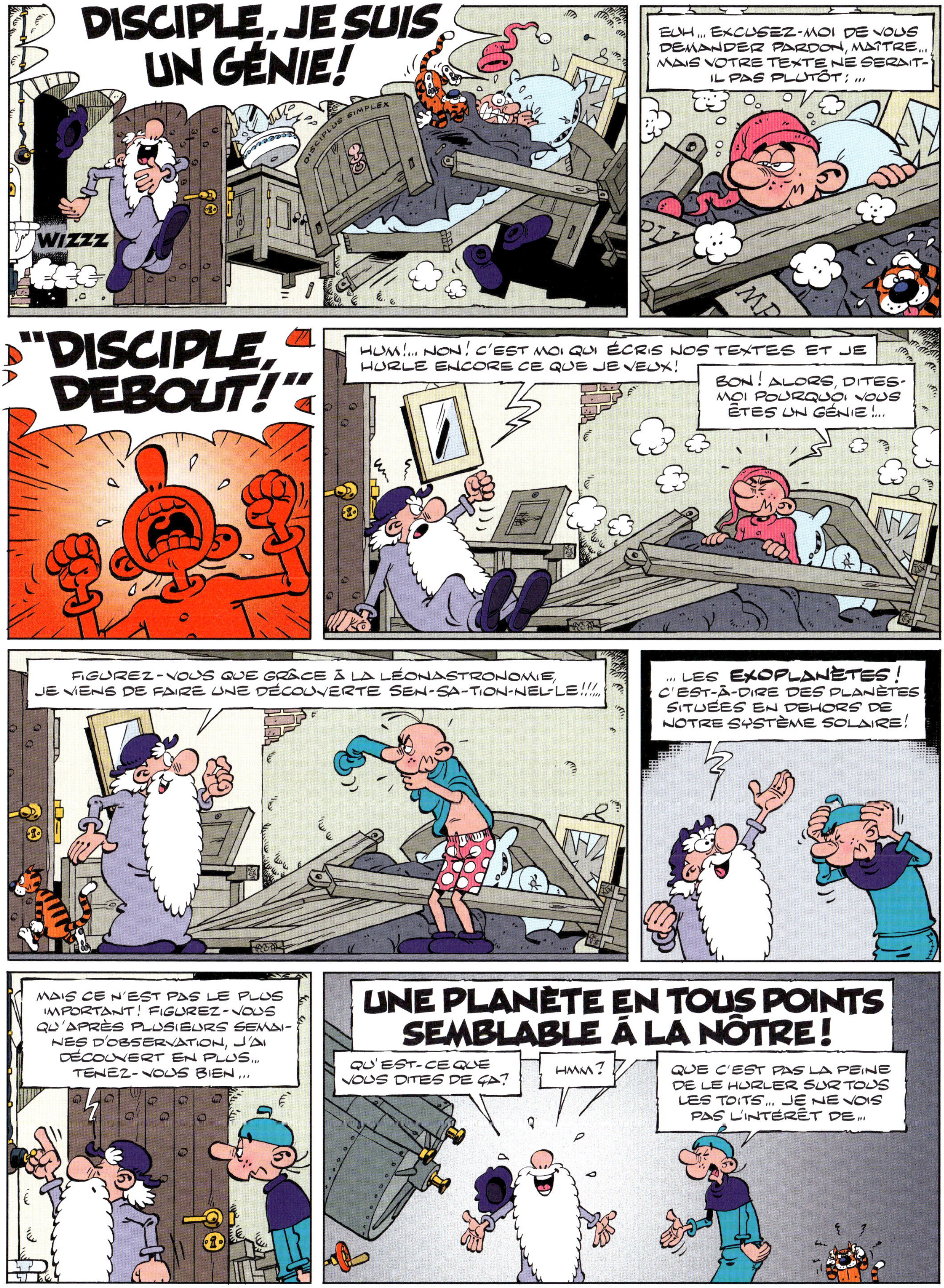

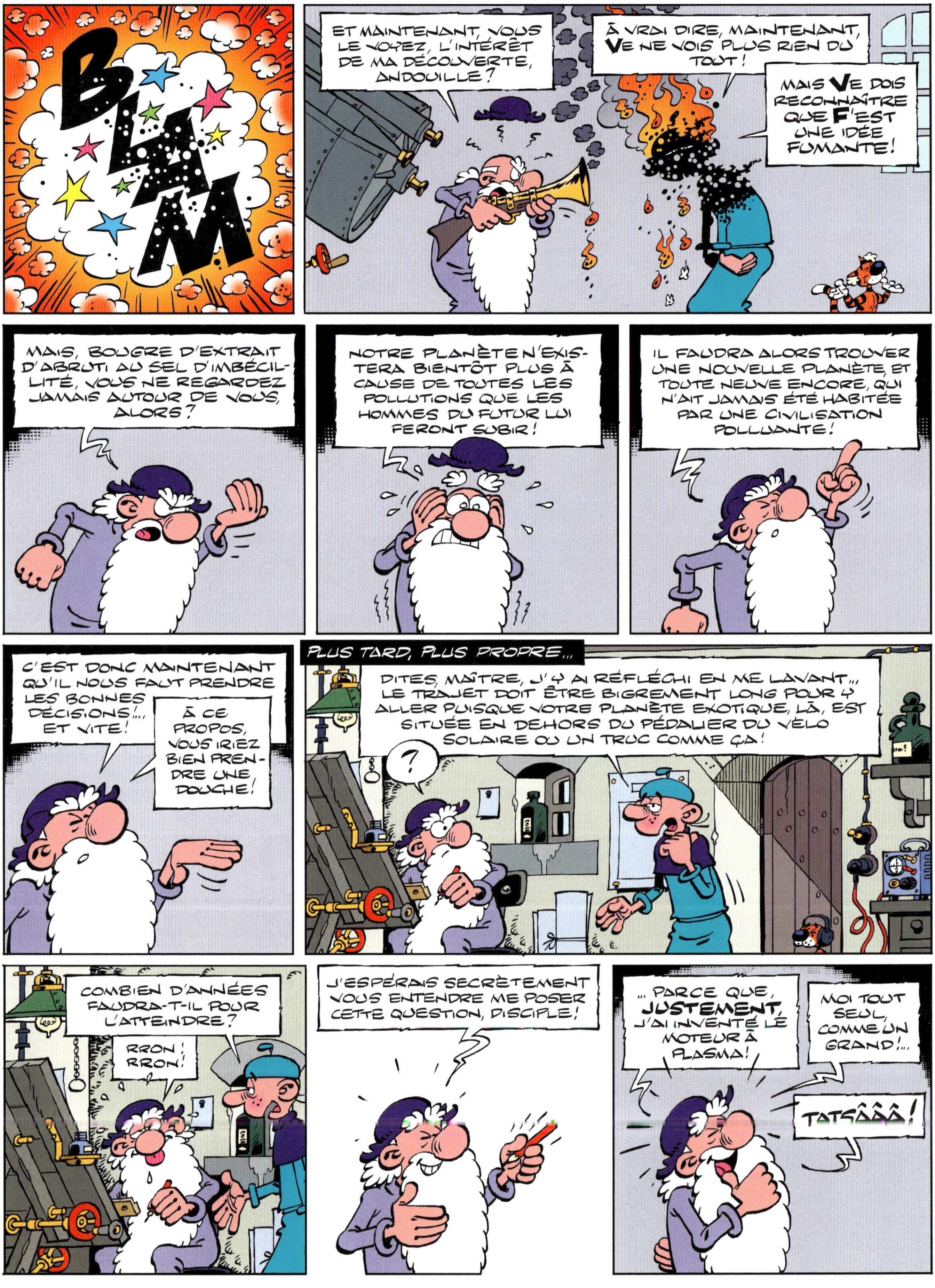
BLAM
ET MAINTENANT, VOUS LE VOYEZ, L'INTÉRÊT DE MA DÉCOUVERTE, ANDOUILLE ?
À VRAI DIRE, MAINTENANT, VE NE VOIS PLUS RIEN DU TOUT !
MAIS VE DOIS RECONNAÎTRE QUE F'EST UNE IDÉE FUMANTE !
MAIS, BOUGRE D'EXTRAIT D'ABRUTI AU SEL D'IMBÉCILLITÉ, VOUS NE REGARDEZ JAMAIS AUTOUR DE VOUS, ALORS ?
NOTRE PLANÈTE N'EXISTERA BIENTÔT PLUS À CAUSE DE TOUTES LES POLLUTIONS QUE LES HOMMES DU FUTUR LUI FERONT SUBIR !
IL FAUDRA ALORS TROUVER UNE NOUVELLE PLANÈTE, ET TOUTE NEUVE ENCORE, QUI N'AIT JAMAIS ÉTÉ HABITÉE PAR UNE CIVILISATION POLLUANTE !
C'EST DONC MAINTENANT QU'IL NOUS FAUT PRENDRE LES BONNES DÉCISIONS !... ET VITE !
À CE PROPOS, VOUS IRIEZ BIEN PRENDRE UNE DOUCHE !
PLUS TARD, PLUS PROPRE...
DITES, MAÎTRE, J'Y AI RÉFLÉCHI EN ME LAVANT... LE TRAJET DOIT ÊTRE BIGREMENT LONG POUR Y ALLER PUISQUE VOTRE PLANÈTE EXOTIQUE, LÀ, EST SITUÉE EN DEHORS DU PÉDALIER DU VÉLO SOLAIRE OU UN TRUC COMME ÇA !
?
COMBIEN D'ANNÉES FAUDRA-T-IL POUR L'ATTEINDRE ?
RRON ! RRON !
J'ESPÉRAIS SECRÈTEMENT VOUS ENTENDRE ME POSER CETTE QUESTION, DISCIPLE !
... PARCE QUE, JUSTEMENT, J'AI INVENTÉ LE MOTEUR À PLASMA !
MOI TOUT SEUL, COMME UN GRAND !...
TATSÂÂÂ !

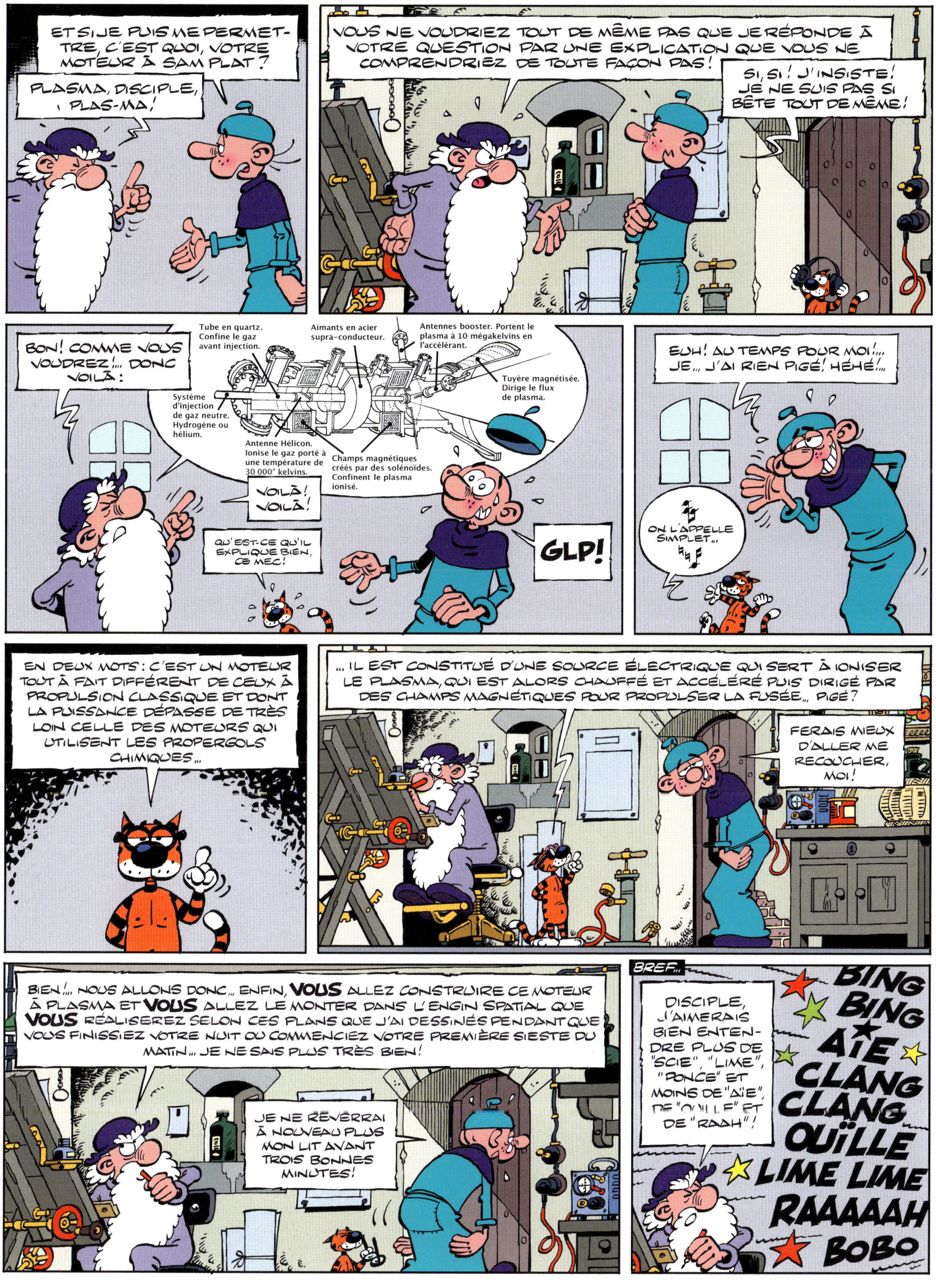

ET SI JE PUIS ME PERMETTRE, C'EST QUOI, VOTRE MOTEUR À SAM PLAT ?
PLASMA, DISCIPLE, PLAS-MA !
VOUS NE VOUDRIEZ TOUT DE MÊME PAS QUE JE RÉPONDE À VOTRE QUESTION PAR UNE EXPLICATION QUE VOUS NE COMPRENDRIEZ DE TOUTE FAÇON PAS !
SI, SI ! J'INSISTE ! JE NE SUIS PAS SI BÊTE TOUT DE MÊME !
BON ! COMME VOUS VOUDREZ !... DONC VOILÀ :
Tube en quartz. Confine le gaz avant injection.
Aimants en acier supra-conducteur.
Antennes booster. Portent le plasma à 10 mégakelvins en l'accélérant.
Tuyère magnétisée. Dirige le flux de plasma.
Système d'injection de gaz neutre. Hydrogène ou hélium.
Antenne Hélicon. Ionise le gaz porté à une température de 30 000° kelvins.
Champs magnétiques créés par des solénoïdes. Confinent le plasma ionisé.
VOILÀ ! VOILÀ !
QU'EST-CE QU'IL EXPLIQUE BIEN, CE MEC !
GLP !
EUH ! AU TEMPS POUR MOI !... JE... J'AI RIEN PIGÉ ! HÉHÉ !...
ON L'APPELLE SIMPLET...
EN DEUX MOTS : C'EST UN MOTEUR TOUT À FAIT DIFFÉRENT DE CEUX À PROPULSION CLASSIQUE ET DONT LA PUISSANCE DÉPASSE DE TRÈS LOIN CELLE DES MOTEURS QUI UTILISENT LES PROPERGOLS CHIMIQUES...
... IL EST CONSTITUÉ D'UNE SOURCE ÉLECTRIQUE QUI SERT À IONISER LE PLASMA, QUI EST ALORS CHAUFFÉ ET ACCÉLÉRÉ PUIS DIRIGÉ PAR DES CHAMPS MAGNÉTIQUES POUR PROPULSER LA FUSÉE... PIGÉ ?
FERAIS MIEUX D'ALLER ME RECOUCHER, MOI !
BIEN !... NOUS ALLONS DONC... ENFIN, VOUS ALLEZ CONSTRUIRE CE MOTEUR À PLASMA ET VOUS ALLEZ LE MONTER DANS L'ENGIN SPATIAL QUE VOUS RÉALISEREZ SELON CES PLANS QUE J'AI DESSINÉS PENDANT QUE VOUS FINISSIEZ VOTRE NUIT OU COMMENCIEZ VOTRE PREMIÈRE SIESTE DU MATIN... JE NE SAIS PLUS TRÈS BIEN !
JE NE REVERRAI À NOUVEAU PLUS MON LIT AVANT TROIS BONNES MINUTES !
BREF...
DISCIPLE, J'AIMERAIS BIEN ENTENDRE PLUS DE "SCIE", "LIME", "PONCE" ET MOINS DE "AÏE", DE "OUILLE" ET DE "RAAH" !
BING BING AÏE CLANG CLANG OUÏLLE LIME LIME RAAAAAH BOBO

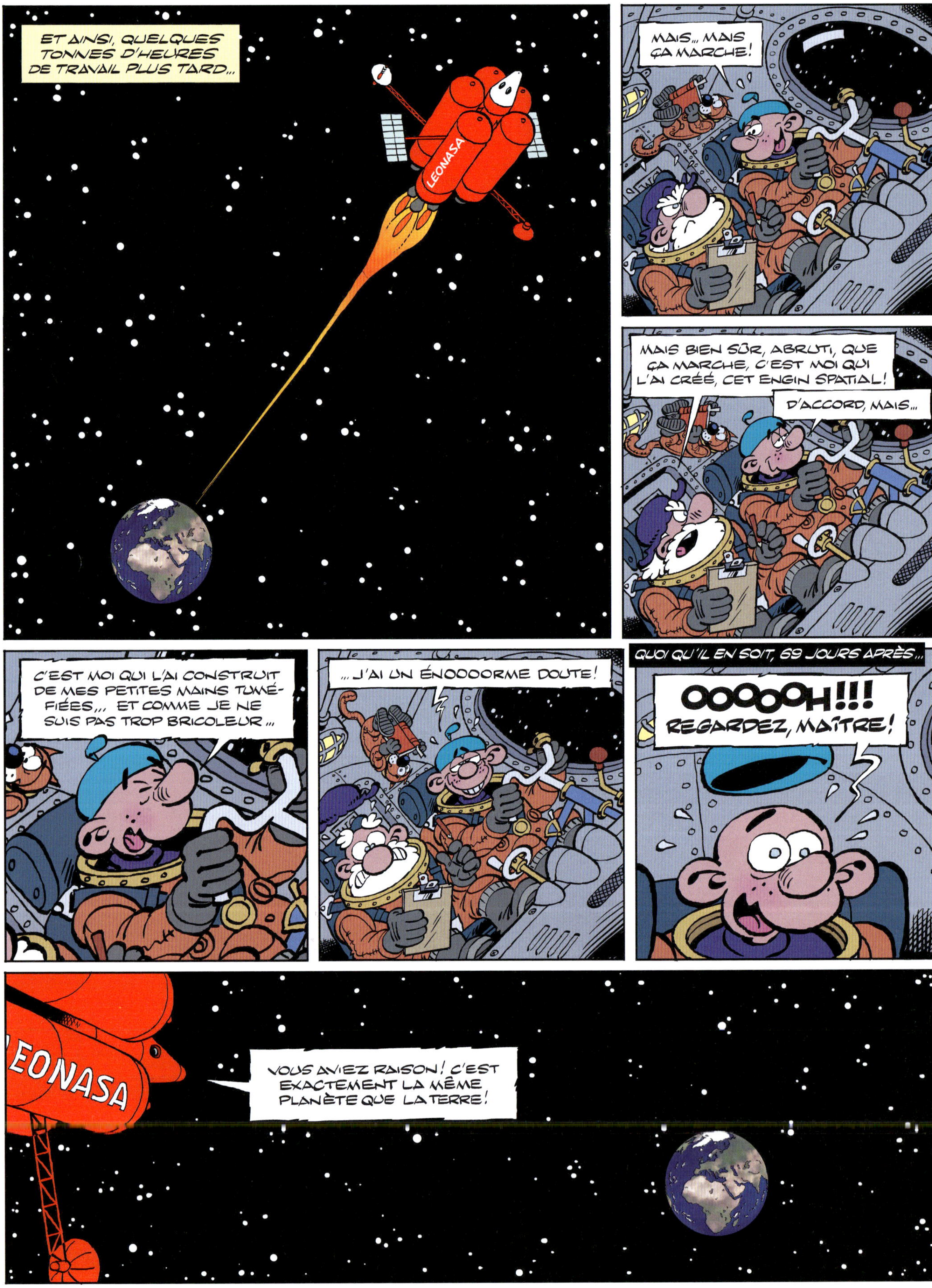
ET AINSI, QUELQUES TONNES D'HEURES DE TRAVAIL PLUS TARD...
LEONASA
MAIS... MAIS ÇA MARCHE!
MAIS BIEN SÛR, ABRUTI, QUE ÇA MARCHE, C'EST MOI QUI L'AI CRÉÉ, CET ENGIN SPATIAL!
D'ACCORD, MAIS...
C'EST MOI QUI L'AI CONSTRUIT DE MES PETITES MAINS TUMÉFIÉES... ET COMME JE NE SUIS PAS TROP BRICOLEUR...
... J'AI UN ÉNOOOORME DOUTE!
QUOI QU'IL EN SOIT, 69 JOURS APRÈS...
OOOOOH!!! REGARDEZ, MAÎTRE!
LEONASA
VOUS AVIEZ RAISON! C'EST EXACTEMENT LA MÊME PLANÈTE QUE LA TERRE!

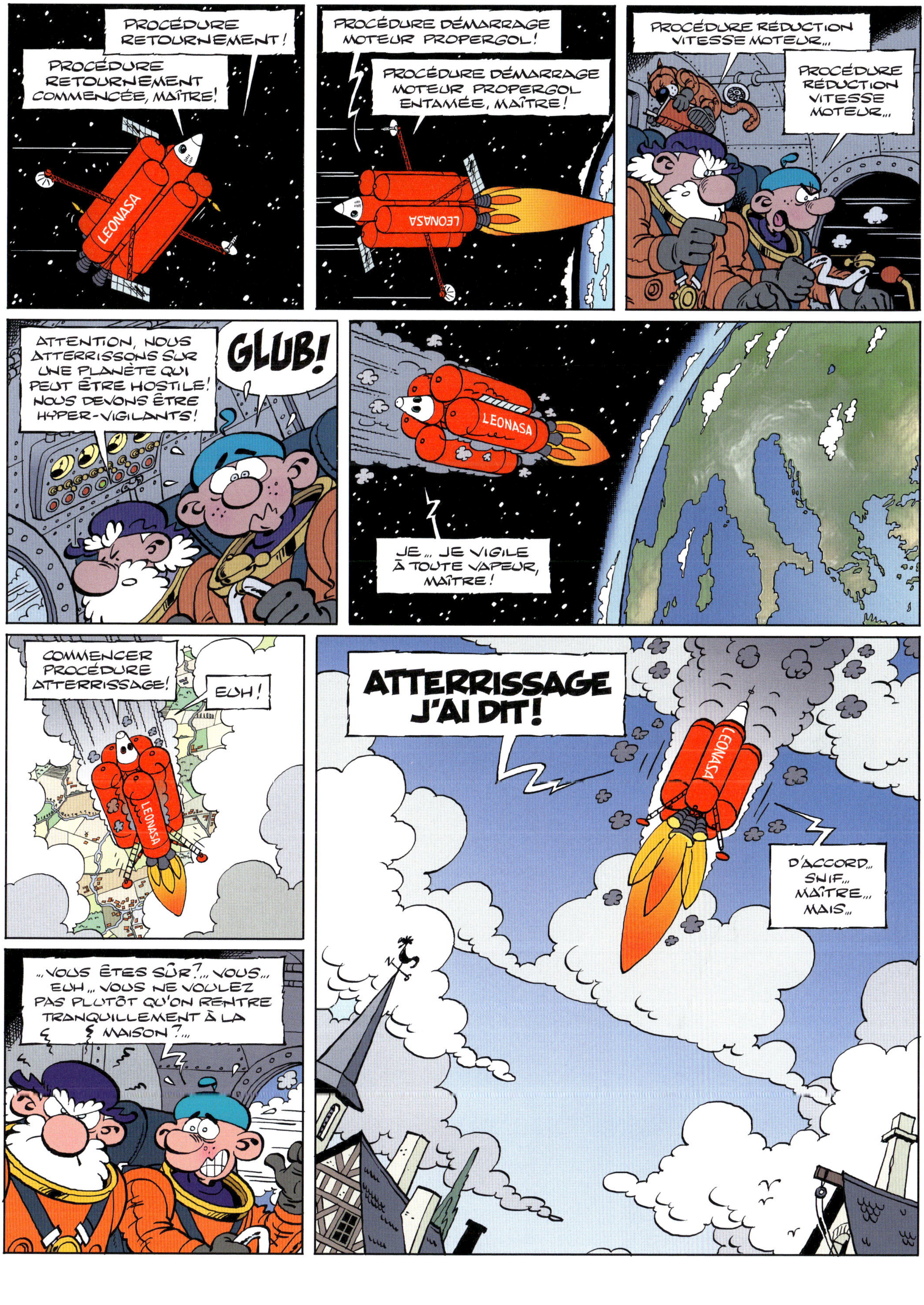
PROCÉDURE RETOURNEMENT !
PROCÉDURE RETOURNEMENT COMMENCÉE, MAÎTRE !
LEONASA
PROCÉDURE DÉMARRAGE MOTEUR PROPERGOL !
PROCÉDURE DÉMARRAGE MOTEUR PROPERGOL ENTAMÉE, MAÎTRE !
LEONASA
PROCÉDURE RÉDUCTION VITESSE MOTEUR...
PROCÉDURE RÉDUCTION VITESSE MOTEUR...
ATTENTION, NOUS ATTERRISSONS SUR UNE PLANÈTE QUI PEUT ÊTRE HOSTILE ! NOUS DEVONS ÊTRE HYPER-VIGILANTS !
GLUB !
LEONASA
JE... JE VIGILE À TOUTE VAPEUR, MAÎTRE !
COMMENCER PROCÉDURE ATTERRISSAGE !
EUH !
LEONASA
ATTERRISSAGE J'AI DIT !
LEONASA
D'ACCORD... SNIF... MAÎTRE... MAIS...
...VOUS ÊTES SÛR ?... VOUS... EUH... VOUS NE VOULEZ PAS PLUTÔT QU'ON RENTRE TRANQUILLEMENT À LA MAISON ?...

ONASA
MAIS!?!
ON... ON DIRAIT TOUT À FAIT... MAIS OUI, C'EST...
...VINCI !!!
ET NOUS AVONS ATTERRI DANS... DANS... DANS NOTRE JARDIN!
BLAM
?
?
JE VOUS AVAIS PRÉVENU, DISCIPLE! ON NE DORT PAS DANS LA MACHINE À VOYAGER DANS LE TEMPS POUR GAGNER QUELQUES MOIS DE SOMMEIL!
G...
ET N'OUBLIEZ PAS DE METTRE LES PATINS QUAND VOUS RENTREREZ!
DISCIPLE, EST-CE QUE VOUS PENSEZ CE QUE JE PENSE?
OH QUE OUI!!!
CETTE PLANÈTE EST FINALEMENT BIEN TROP IDENTIQUE À LA NÔTRE! ON SE TIRE D'ICI!
OUI! ET EN VITESSE!

PROCÉDURE DÉMARRAGE MOTEUR PROPERGOL, DISCIPLE!
EUH! MAÎTRE!... JE PROPOSE DE RÉSUMER TOUTE CETTE PROCÉDURE EN TROIS MOTS...
?
ON SE CASSE!!!
LÉONASA
ILS SONT PARTIS?
OUI!
OUF! BON DÉBARRAS CAR...
MMMF!
MMMF!
...IL FAIT UNE DE CES CHALEURS, LÀ-DEDANS!
À QUI LE DIS-TU, MON CHER SCHMURTZ?
N'EMPÊCHE, MON BON PROTZ, QUELLES RUSES NE FAUT-IL PAS INVENTER POUR SE DÉBARRASSER DES TOURISTES!
BIEN VRAI, ÇA!
FIN

Sur le bout de la langue !

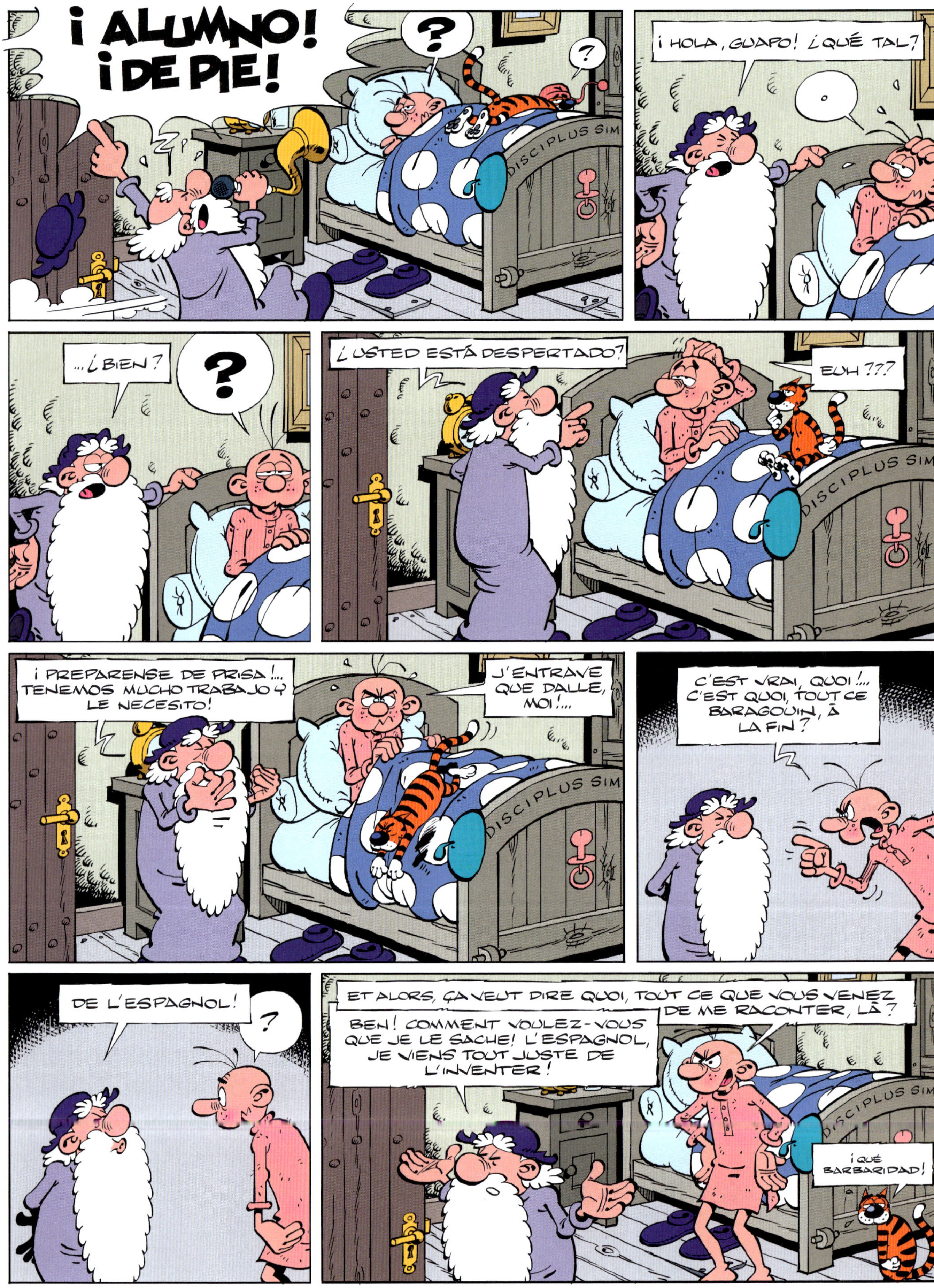

Éveil... mâtin !

BON ! TOUT EST PRÊT ! PLUS QU'À RÉVEILLER MON DISCIPLE ET ON POURRA PASSER À LA FABRICATION !...
AVEC UN PETIT PAIN AU CHOCOLAT, ÇA DEVRAIT MARCHER !
HOP !
WIIIIZZZZ
LÀÀÀ ! ÇA DOIT ÊTRE BON !
RRRRRRRRR
TIENS, NON !
J'AI UNE AUTRE IDÉE !...
JE SUIS UN GÉNIE, VOUS SAVEZ !
... AVEC DU CAFÉ BIEN CHAUD, ÇA DEVRAIT FONCTIONNER !...
TOC TOC
HOP !
WIIIIZZZZ
TIENS, NON PLUS !
LE GÂTEAU À LA CRÈME CHANTILLY, ÇA NE PEUT PAS RATER !...

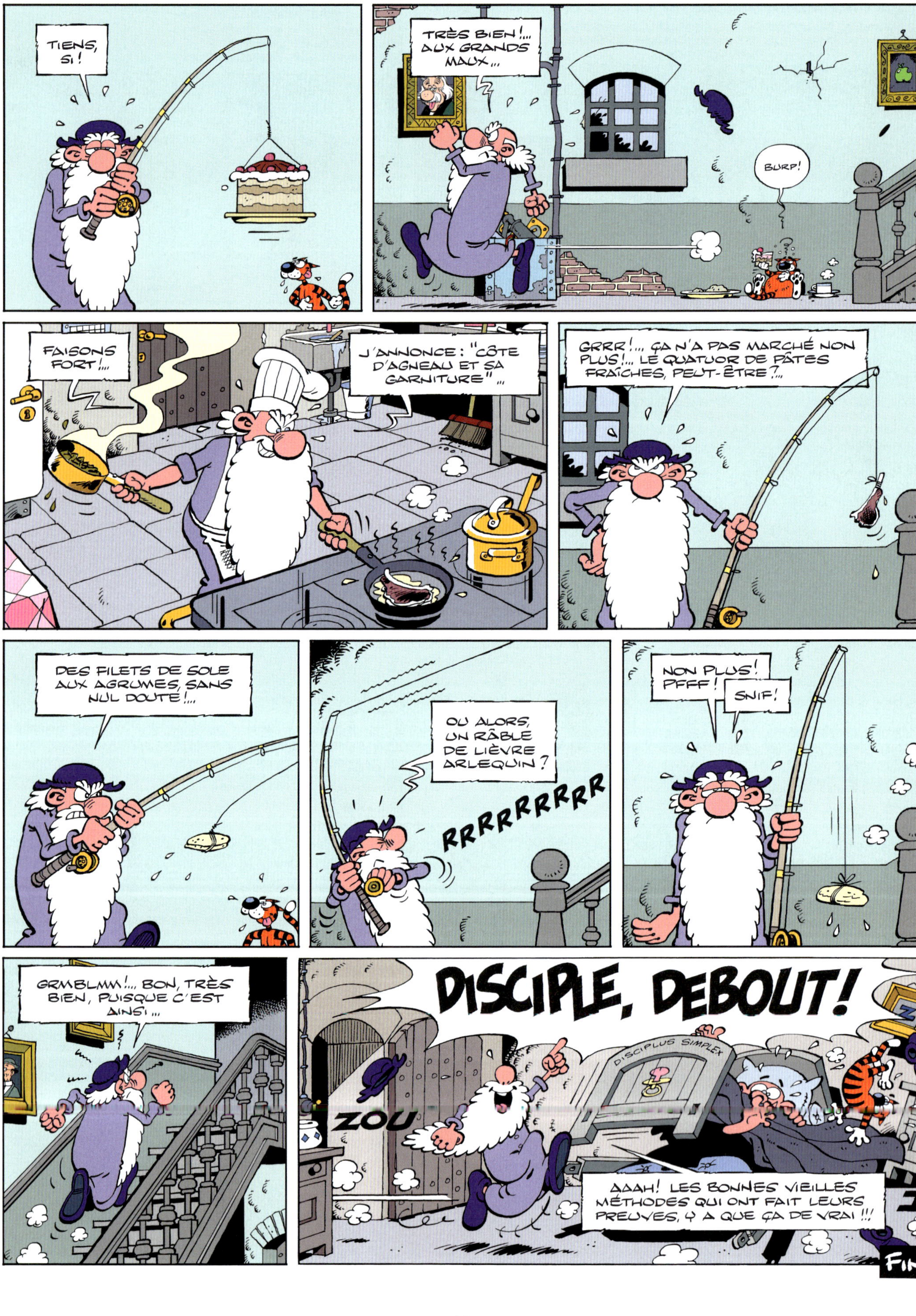
TIENS, SI !
TRÈS BIEN !... AUX GRANDS MAUX...
BURP !
FAISONS FORT !...
J'ANNONCE : "CÔTE D'AGNEAU ET SA GARNITURE"...
GRRR !... ÇA N'A PAS MARCHÉ NON PLUS !... LE QUATUOR DE PÂTES FRAÎCHES, PEUT-ÊTRE ?...
DES FILETS DE SOLE AUX AGRUMES, SANS NUL DOUTE !...
OU ALORS, UN RÂBLE DE LIÈVRE ARLEQUIN ?
RRRRRRRRR
NON PLUS ! PFFF !
SNIF !
GRMBLMM !... BON, TRÈS BIEN, PUISQUE C'EST AINSI...
DISCIPLE, DEBOUT !
DISCIPLUS SIMPLEX
ZOU
AAAH ! LES BONNES VIEILLES MÉTHODES QUI ONT FAIT LEURS PREUVES, Y A QUE ÇA DE VRAI !!!
FIN

Les ours se suivent...

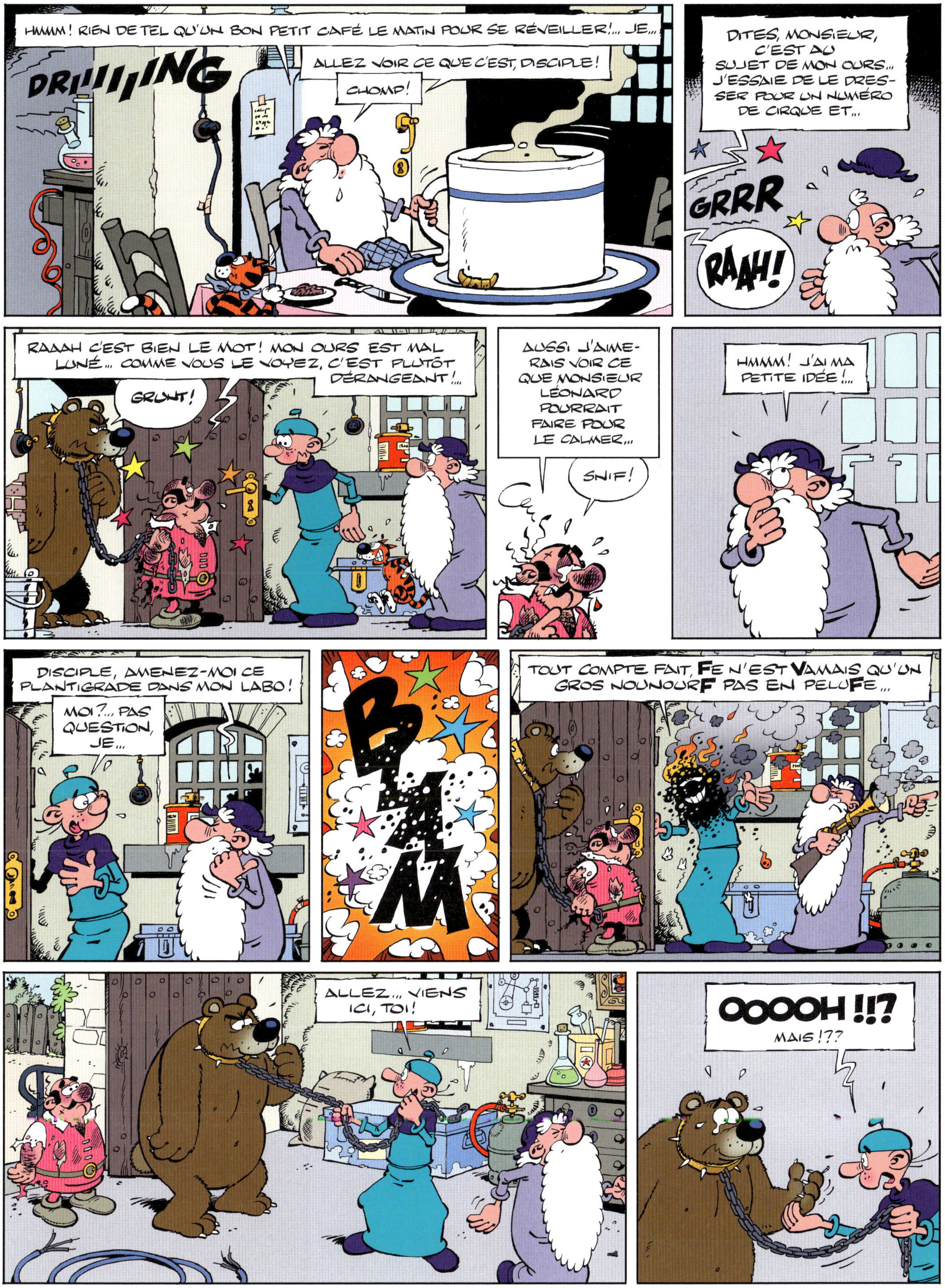

MAIS C'EST QU'IL A UN GROS BOBO À LA 'TITE PAPATTE !
BOUGE SURTOUT PAS ! UN... DEUX... ET HOP !
LÈCHE LÈCHE LÈCHE
ALLEZ, VIENS AU LABO, MAINTENANT, SINON ON VA SE FAIRE GRONDER...
LAP LAP LAP
LAB
ET VOILÀ LE NOUNOURS EN QUESTION, MAÎTRE !
LABO
OUI D'ACCORD !... MAIS POUR MON NUMÉRO DE CIRQUE ?...
ON S'EN OCCUPE !... DISCIPLE, VOUS ALLEZ ME MÉLANGER À 50% LE LIQUIDE DE CETTE CORNUE À CELUI DE CETTE BOUTEILLE !...
TRÈS BIEN, MAÎTRE !
BEAU COUPLE !
AH ! J'OUBLIAIS DE VOUS DIRE, DISCIPLE !...
FAITES TRÈS ATTENTION CAR LA MOINDRE ERREUR DANS LES POURCENTAGES DU MÉLANGE LE REND...
BOUM

...EXPLOSIF !
MAINTENANT QUE VOUS LE DITES !?!
SNIF !
CE TYPE AURAIT DÛ JOUER DANS "LA BOUM" !
ALLEZ-Y PRUDEMMENT, CETTE FOIS !
ALORS LÀ, VOUS POUVEZ ME FAIRE CONFIANCE !
PLIC
PLIC
PLIC
C'EST PRÊT, MAÎTRE !
À PRÉSENT, À L'AIDE DE CE COMPTE-GOUTTES, VOUS PRENDREZ TROIS GOUTTES DU MÉLANGE...
PLIC
PLIC
...QUE VOUS DONNEREZ À L'OURS !
?
GLP ?
POF
? ? ? ?
GROAAAAR !

GROAAAAR !
LÈCHE LÈCHE LÈCHE
DISCIPLE, ÇA SUFFIT ! JE N'AI PAS ENVIE D'AVOIR DES SOUCIS AVEC LA S.P.A. !
POF
?
?
QUE... QUE M'EST-IL ARRIVÉ ?!?!
JE...
?
EFFET SECONDAIRE D'UN MÉDICAMENT INGURGITÉ PAR UN IMBÉCILE ALORS QU'IL DEVAIT LE DONNER À UN OURS !
EXCELLENT DIAGNOSTIC !
BON ALORS, VOUS, L'ANDOUILLE, VOUS L'ADMINISTREZ, CE MÉDICAMENT, OUI OU MER...
STOP !
PAS DE GROS MOTS DEVANT MON OURS ! COMMENT VOULEZ-VOUS L'ÉDUQUER, APRÈS ÇA ?
JE DOIS AVOUER QU'UNE CERTAINE LASSITUDE M'ENVAHIT !
VIENS LÀ, L'OURS, AU LIEU D'ÉCOUTER AUX PORTES !

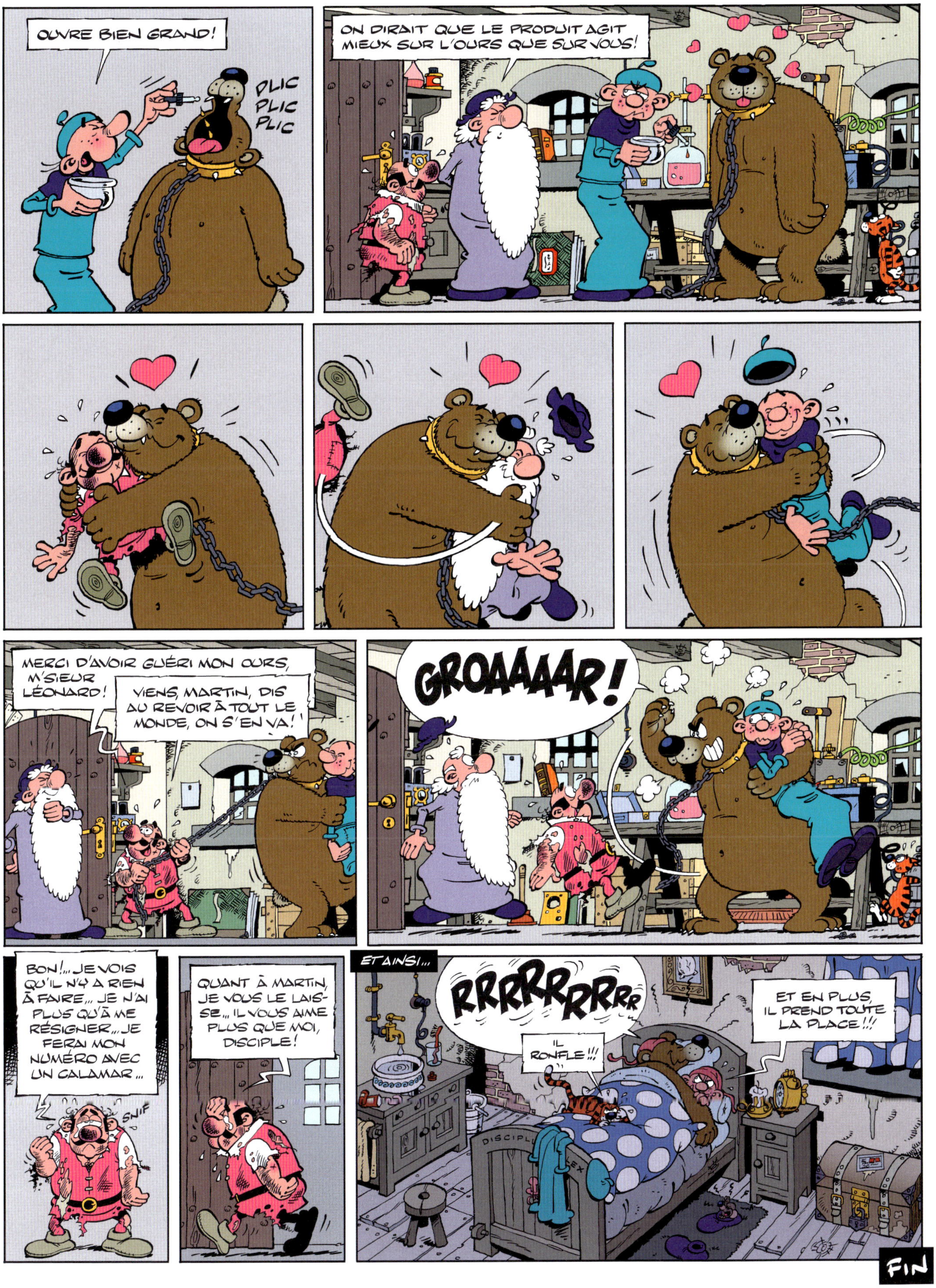

OUVRE BIEN GRAND!
PLIC PLIC PLIC
ON DIRAIT QUE LE PRODUIT AGIT MIEUX SUR L'OURS QUE SUR VOUS!
MERCI D'AVOIR GUÉRI MON OURS, M'SIEUR LÉONARD!
VIENS, MARTIN, DIS AU REVOIR À TOUT LE MONDE, ON S'EN VA!
GROAAAAR!
BON!... JE VOIS QU'IL N'Y A RIEN À FAIRE... JE N'AI PLUS QU'À ME RÉSIGNER... JE FERAI MON NUMÉRO AVEC UN CALAMAR...
SNIF
QUANT À MARTIN, JE VOUS LE LAISSE... IL VOUS AIME PLUS QUE MOI, DISCIPLE!
ET AINSI...
RRRRRRRRrr
IL RONFLE!!!
ET EN PLUS, IL PREND TOUTE LA PLACE!!!
FIN

Quelque chose cloche !

La clef de l'énigme !

JE VAIS VOUS EXPLIQUER ...
FIN